Sammlung außerdeutscher Strafgesetzbücher
in deutscher Übersetzung

Herausgegeben vom MAX-PLANCK-INSTITUT
für ausländisches und internationales Strafrecht in Freiburg i. Br.
durch Professor Dr. Hans-Heinrich JESCHECK, Freiburg i. Br.
und Professor Dr. Gerhard KIELWEIN, Saarbrücken

XCII.

# Der polnische Strafkodex

(kodeks karny)
Gesetz vom 19. April 1969

Berlin 1970

WALTER DE GRUYTER & CO.

# Der polnische Strafkodex

## (kodeks karny)

## Gesetz vom 19. April 1969

Übersetzt
und mit einer Einleitung versehen
von

Dr. Georg Geilke
Abteilungsdirektor und Professor an der Universität Hamburg

Berlin 1970
WALTER DE GRUYTER & CO.

Gedruckt mit Unterstützung der Gesellschaft für Rechtsvergleichung

Archiv-Nr.: 2463 70 2
Satz und Druck: Felgentreff & Goebel KG

# Inhaltsverzeichnis

# Einleitung

1. Als Anfang 1955 der Band LXX dieser Sammlung[1] erschien, äußerte sein Verfasser im Vorwort Zweifel darüber, ob sich eine Herausgabe angesichts der erwarteten Kodifizierung des materiellen Strafrechts noch rechtfertigen ließe. Mittlerweile hat es sich erwiesen, daß dies der Fall gewesen ist, denn der neue polnische Strafkodex hat noch 15 Jahre auf sich warten lassen, nachdem die Entwürfe hierfür von 1951, 1956 und 1963 von den Ereignissen überholt wurden.

2. Der Strafkodex wurde vom Sejm zusammen mit dem Einführungsgesetz hierzu am 19. April 1969 verabschiedet und am 14. Mai 1969 im Gesetzblatt veröffentlicht (Dziennik Ustaw Nr. 13, Positionen 94 und 95). Gleichzeitig verabschiedet und veröffentlicht wurden:

a) Der Strafverfahrenskodex (DzU Nr. 13, Pos. 96);
b) das Einführungsgesetz zum Strafverfahrenskodex (DzU Nr. 13, Pos. 97);
c) der Strafvollstreckungskodex (DzU Nr. 13, Pos. 98).

Das gesamte Gesetzgebungswerk ist einheitlich am 1. Januar 1970 in Kraft getreten.

3. Das Gremium der Kodifizierungskommission, dem die Ausarbeitung der Regierungsvorlage von 1968 für den Strafkodex oblegen hatte, setzte sich aus folgenden Persönlichkeiten zusammen:

Vorsitzender: Franciszek *Wróblewski*, Präses der Strafkammer des Obersten Gerichtes;

Präsidium: Kazimierz *Świtałła*, Innenminister; Kazimierz *Zawadzki*, Stellvertretender Justizminister;

Entwurfsreferenten: Prof. Dr. Igor *Andrejew;* Dozent Dr. Jerzy *Bafia;* Oberst Dr. Kryspin *Mioduski;*

Mitglieder:

Prokurator Dr. Jan *Bednarzak*, Generalprokurator;
Mgr. Julian *Gnoiński;*
General Kazimierz *Jankowski*, Präses der Militärkammer des Obersten Gerichtes;
Dozent Dr. Kazimierz *Kąkol;*
Prof. Dr. Leszek *Lernell;*
Richter Tomasz *Majewski*, Oberstes Gericht;
Oberst Stanislaw *Marczewski;*

---

[1] Geilke, G., Die polnische Strafgesetzgebung seit 1944, Berlin 1955: de Gruyter & Co, 143 S.

Advokat Dr. Wladyslaw *Pociej;*
Prof. Dr. Henryk *Rajzman;*
General Marian *Ryba;*
Prokurator Jerzy *Smoleński,* Generalprokurator;
Prof. Dr. Witold *Świda;*
Prof. Dr. Wladyslaw *Wolter.*

4. Die durch den Strafkodex 1969 bewirkte Kodifizierung des materiellen Strafrechts besteht teils in einer Neuregelung, teils in der Einbeziehung, Aufhebung und Abänderung bisheriger strafrechtlicher Vorschriften. Insoweit kommt dem Einführungsgesetz erhebliche Bedeutung zu.

5. In Art. II Einführungsgesetz wird grundsätzlich bestimmt, daß alle bisherigen strafrechtlichen Vorschriften einschließlich ihrer späteren Änderungen und Ergänzungen (Art. III) aufgehoben sind, soweit sie inhaltlich durch den neuen Strafkodex übernommen worden sind, es sei denn, daß gesetzlich eine abweichende Regelung getroffen ist. Die Aufhebung betrifft in erster Linie (Art. IV) die bisherigen maßgeblichen Strafgesetzbücher, nämlich:

a) den Strafkodex vom 11. Juli 1932 nebst Einführungs-Rechtsverordnung vom gleichen Datum und
b) den Strafkodex des Polnischen Militärs vom 23. September 1944 nebst Einführungsdekret vom gleichen Tage.

Hinsichtlich der Einschränkung dieser Aufhebung vgl. unten bei Ziff. 9.

6. Soweit es sich um die Aufhebung strafrechtlicher Neben- und Spezialgesetze aus der Zwischen- und Nachkriegszeit handelt, verfährt der Gesetzgeber nach unterschiedlichen Methoden.

Alle vor dem 5. September 1939 erlassenen strafrechtlichen Vorschriften, die nicht bereits zu einem früheren Zeitpunkt ausdrücklich außer Kraft gesetzt worden sind, werden generell aufgehoben (etwa 30 Normativakte), wobei die 5 Ausnahmen in Art. V ausdrücklich aufgeführt sind.

Soweit es sich dagegen um die Nachkriegsgesetzgebung handelt, werden die noch fortgeltenden strafrechtlichen Vorschriften in Art. VI nicht aufgeführt, dafür aber die nunmehr aufgehobenen 12 Normativakte ausdrücklich bezeichnet. Hiernach sind nachfolgende Vorschriften mit materiell-strafrechtlichem Inhalt in Kraft geblieben[2]:

1. 31. 8. 1944, Dekret: Strafzumessung für faschistisch-hitlerische Verbrecher, die der Tötung und Mißhandlung der Zivilbevölkerung und von Kriegsgefangenen schuldig sind, sowie für Verräter des Polnischen Volkes;
2. 23. 10. 1944, Dekret: Außerkurssetzung der deutschen Mark im Gebiete der Bialystoker Wojewodschaft;
3. 6. 1. 1945, Dekret: Deponierung und Austausch von Banknoten der Emissionsbank in Polen;

---

[2] Die Tabelle folgt der Zusammenstellung von Irena *Śmietanka,* Przepisy wprowadzające nowy kodeks karny (część I). „Nowo Prawo" 1968, S. 1776, Fußn. 5.

4. 5. 2. 1945, Dekret: Deponierung und Austausch der deutschen Mark in den Gebieten des Polnischen Staates, die von der Besetzung nach dem 6. 1. 1945 befreit wurden;
5. 28. 6. 1946, Dekret: Verleugnung der polnischen Nationalität während des Krieges (in Verbindung mit dem Gesetz vom 20. 7. 1950 zur Beseitigung von Sanktionen und Beschränkungen gegenüber Bürgern, die ihre Zugehörigkeit zur deutschen Nationalität deklariert hatten). Beide Normativakte gelten noch immer im Bereich der vermögensrechtlichen Sanktionen, namentlich für Liegenschaften;
6. 13. 6. 1946, Dekret: Nationalspende für die Bewirtschaftung der Wiedergewonnenen Gebiete;
7. 12. 9. 1947, Dekret: Nachbarschaftshilfe in der Landwirtschaft;
8. 24. 9. 1947, Dekret: Registrierung von Angehörigen des Veterinärdienstes;
9. 19. 4. 1950, Gesetz: Pferderennen;
10. 20. 7. 1950, Gesetz: — vgl. Ziff. 5!;
11. 20. 7. 1950, Gesetz: Der Feldscherberuf;
12. 28. 10. 1950, Gesetz: Änderung des Währungssystems;
13. 28. 10. 1950, Gesetz: Der Arztberuf;
14. 8. 1. 1951, Gesetz: Apotheken;
15. 8. 1. 1951, Gesetz: Pharmazeutische Mittel und Narkotika sowie sanitäre Artikel;
16. 29. 10. 1951, Dekret: Personalausweise (ber. Wortl.: DzU 1962 Nr. 2, Pos. 5);
17. 15. 12. 1951, Gesetz: Kinematographie;
18. 10. 7. 1952, Gesetz: Urheberrecht;
19. 10. 7. 1952, Gesetz: Pflichtablieferung von Kartoffeln (ber. Wortl.: DzU 1961 Nr. 35, Pos. 182);
20. 29. 10. 1952, Dekret: Bewirtschaftung von Artikeln des Warenumsatzes und der Versorgung;
21. 6. 5. 1953, Dekret: Bergrecht (ber. Wortl.: DzU 1961 Nr. 23, Pos. 113);
22. 24. 6. 1953, Dekret: Anbau von Tabak und Herstellung von Tabakerzeugnissen;
23. 1. 12. 1953, Dekret: Pflichtablieferung von Schlachtvieh;
24. 2. 2. 1955, Dekret: Übernahme des schwimmenden Materials der Binnenschiffahrt in das Eigentum des Staates;
25. 8. 6. 1955, Dekret: Recht der Zivilstandsakte;
26. 7. 12. 1955, Dekret: Wappen und Farben der Polnischen Volksrepublik sowie die staatlichen Siegel;
27. 13. 6. 1956, Dekret: Staatlicher geodätischer und kartographischer Dienst;
28. 13. 12. 1957, Gesetz: Oberste Kontrollkammer;
29. 1. 12. 1958, Gesetz: Genehmigungen zum Betrieb von Gewerbe, Handwerk und Handel sowie einigen Dienstleistungstätigkeiten durch Einheiten der nichtvergesellschafteten Wirtschaft (dessen Strafbestimmung — Art. 11 — durch den Entwurf des Übertretungsgesetzes in eine Übertretung umqualifiziert worden ist);
30. 30. 1. 1959, Gesetz: Raumrecht (ber. Wortl.: DzU 1962 Nr. 47, Pos. 227);
31. 22. 4. 1959, Gesetz: Bekämpfung der verbotenen Alkoholherstellung;
32. 17. 6. 1959, Gesetz: Aufzucht, Schutz von jagdbarem Wild und Jagdrecht;
33. 13. 4. 1960, Gesetz: Feuerschutz;
34. 13. 4. 1960, Gesetz: Schatz-Strafgesetz;
35. 2. 12. 1960, Gesetz: Aufzucht von Wirtschaftsvieh;
36. 31. 1. 1961, Gesetz: Technische Aufsicht;
37. 31. 1. 1961, Gesetz: Einquartierung von Streitkräften;
38. 31. 1. 1961, Gesetz: Waffen, Munition und Sprengstoffe;
39. 31. 1. 1961, Gesetz: Baurecht;
40. 16. 2. 1961, Gesetz: Pflanzen- und Samenzucht;
41. 14. 7. 1961, Gesetz: Evidenz und Kontrolle der Bevölkerungsbewegung;
42. 15. 7. 1961, Gesetz: Pflicht zur Dokumentation der Herkunft von Baumaterialien, die zu Zwecken des nichtvergesellschafteten Bauwesens verwendet werden;
43. 27. 11. 1961, Gesetz: Normalisation;
44. 15. 2. 1962, Gesetz: Organisation der staatlichen Statistik;
45. 15. 2. 1962, Gesetz: Schutz der Kulturgüter in Museen;
46. 30. 5. 1962, Gesetz: Wasserrecht;
47. 31. 5. 1962, Gesetz: Luftfahrtrecht;
48. 31. 5. 1962, Gesetz: Erfinderrecht;
49. 29. 6. 1962, Gesetz: Prüferrecht;
50. 28. 3. 1963, Gesetz: Warenzeichen;
51. 21. 5. 1963, Gesetz: Hochseefischerei;
52. 21. 5. 1963, Gesetz: Giftige Substanzen;
53. 22. 4. 1964, Gesetz: Hemmung des Laufs der Verjährung gegegenüber Tätern der schwersten Hitlerverbrechen, begangen während des Zweiten Weltkrieges;
54. 23. 4. 1964, Gesetz: Einführungsbestimmungen zum Zivilkodex;
55. 30. 3. 1965, Gesetz: Sicherheit und Hygiene der Arbeit;
56. 21. 11. 1967, Gesetz: Allgemeine Pflicht zur Verteidigung der Polnischen Volksrepublik.

Die während der Kriegszeit von der Londoner Exilregierung erlassenen Strafvorschriften werden nicht berücksichtigt. Sie wurden in Polen seit jeher als nicht existent behandelt.

7. Durch Art. VII Einführungsgesetz werden einzelne strafrechtliche Bestimmungen weiterer 17 im übrigen fortgeltender Normativakte aufgehoben, und zwar:

a) weil die darin bezeichneten Straftaten nach der neuen Gesetzgebung nicht mehr als Vergehen, sondern nur noch als Übertretungen anzusehen sind, oder
b) weil das ursprüngliche Strafbedürfnis inzwischen in Fortfall geraten ist, oder
c) weil die maßgeblichen Tatbestände nunmehr ihre Regelung im Strafkodex 1969 gefunden haben.

Zu den letztgenannten gehören beispielsweise die Art. 1 und 2 des Gesetzes vom 21. Januar 1958 zur Erhöhung des Schutzes des gesellschaftlichen Vermögens vor Folgeschäden strafbarer Handlungen sowie die Art. 1—4 des Gesetzes vom 22. Mai 1958 zur Verschärfung der strafrechtlichen Verantwortlichkeit für Hooliganismus.

8. Völlig systemwidrig regelt das Einführungsgesetz Tatbestände des auf internationalen Abkommen beruhenden innerstaatlichen materiellen Strafrechts:

Art. VIII: Versklavung und Sklavenhandel;

Art. IX: Verführung zur gewerbsmäßigen Unzucht; Frauen- und Kinderhandel;

Art. X: Beschädigung und Gefährdung von Unterseekabeln; Verpestung von Seegewässern durch verbotene Leichterung von bestimmten Substanzen;

Art. XI: Seepiraterie.

Die Aufnahme dieser Tatbestände in das Einführungsgesetz erfolgte, da die Kodifizierungskommission diese mit Rücksicht auf ihren Sondercharakter einerseits nicht in den Strafkodex einbeziehen wollte[3], andererseits aber der Erlaß eines besonderen Gesetzes unzweckmäßig erschien[4].

9. Durch das Gesetz vom 22. Dezember 1969 (DzU Nr. 37, Pos. 311) wurde die Fortgeltung einiger bisheriger strafrechtlicher Vorschriften vorübergehend angeordnet, solange die vorgesehenen neuen Gesetze aus dem Bereich der Minderjährigenkriminalität, des Übertretungsrechts und des Schatz-Strafrechts noch nicht erlassen sind.

a) Im Stadium der Vorbereitung befindet sich das Gesetz über die Vorbeugung und Bekämpfung der Minderjährigenkriminalität. Da der neue Strafprozeßkodex das Verfahren in Minderjährigensachen

---

[3] Zu bemerken ist aber, daß der frühere Art. 260 StK 1932 die Seepiraterie geregelt hat.

[4] *Śmietanka,* a. a. O., 1968, S. 1780.

nicht regelt, bleiben vorläufig die diesbezüglichen Vorschriften des Strafverfahrenskodex von 1928 in Kraft. Die Verhandlung solcher Sachen im vereinfachten und beschleunigten Verfahren, die bedingte Einstellung des Verfahrens und die Anwendung der Vorschriften über die Zulassung eines Nebenklägers werden untersagt.

b) Das Übertretungsrecht (Präsidenten-VO v. 11. Juli 1932) und das Gesetz über die Administrativ-Strafrechtsprechung vom 15. Dezember 1951 (ber. Wortl.: DzU 1966 Nr. 39, Pos. 233) sollen durch neue Normativakte ersetzt werden, deren Entwürfe der Kodifikationskommission zur Beratung vorliegen. Nach diesen Entwürfen werden künftig bestimmte Vergehen des Strafkodex von 1932 als Übertretungen nach dem Übertretungsrecht geregelt werden. Vorläufig müssen die diesbezüglichen Vorschriften des Strafkodex von 1932 daher in Kraft bleiben. Sie betreffen: Handlungen gegen äußere Zeichen, die behördlicherseits auf Gegenständen und Behältern angebracht werden, Teilnahme an einem Menschenauflauf, Prellerei und Ansichbringen bzw. Beschädigung von Gegenständen, die ein immaterielles Wertobjekt bilden.

c) Das Schatz-Strafgesetz vom 13. April 1960 soll in Anpassung an die erfolgte Strafrechtskodifikation novelliert werden. Solange dies noch nicht der Fall ist, müssen diejenigen Vorschriften des Strafverfahrenskodex von 1928 in Kraft bleiben, die entsprechend den Vorschriften des geltenden Schatz-Strafgesetzes die Verweisung derartiger Verfahren auf den Gerichtsweg, die Sicherung und Vollstrekkung von Vermögensstrafen und die Wiedergutmachung von Schäden am Gesellschaftsvermögen regeln, die durch eine Straftat zugefügt wurden.

10. In engem Zusammenhang mit der Strafrechtsreform steht das formell aus Anlaß des 25jährigen Bestehens der Polnischen Volksrepublik erlassene Amnestiegesetz vom 21. Juli 1969 (DzU Nr. 21, Pos. 151), das den Übergang zum neuen Strafrechtssystem erleichtern soll. Es ist dies die sechste Nachkriegsamnestie. Ihre Vorläuferinnen waren:

a) Dekret v. 2. August 1945 (DzU Nr. 28, Pos. 172) zum ersten Jahrestag der Gründung des Polnischen Komitees der Nationalen Befreiung aus Anlaß der Einsetzung der Regierung der Nationalen Einheit;
b) Gesetz v. 22. Februar 1947 (DzU Nr. 20, Pos. 78) aus Anlaß der Verabschiedung des Verfassungsgesetzes vom 19. Februar 1947;
c) Gesetz v. 22. November 1952 (DzU Nr. 46, Pos. 309) aus Anlaß der Verfassung vom 22. Juli 1952;
d) Gesetz v. 27. April 1956 (DzU Nr. 11, Pos. 57);
e) Dekret v. 22. Juli 1964 (DzU Nr. 27, Pos. 174) aus Anlaß des 20-jährigen Bestehens der Polnischen Volksrepublik.

11. Für die Anwendung der früheren Rechtsprechung bei der Auslegung von Vorschriften des Strafkodex 1969 ist eine tabellarische

Gegenüberstellung der Vorschriften des neuen und des alten Strafkodex sowie der Spezialvorschriften nützlich, die in der Zeitschrift „Palestra“ 1969 Nr. 10/11, S. 5—112 erschienen ist[5].

Bis zur Entwicklung einer höchstrichterlichen Rechtsprechung zum neuen Strafrecht wird diese Tabelle sicher noch mehrere Jahre hindurch gute Dienste leisten. Auf die beigefügte Bibliographie zur Strafrechtsreform wird besonders hingewiesen.

12. Eine allgemeine Charakteristik des Strafkodex 1969 ergibt sich aus der Ansprache des Abgeordneten Zenon *Kliszko* (Vereinigte Polnische Arbeiterpartei) vor dem Sejm vom 19. April 1969[6]: „... Die Entwürfe des Strafkodex und der anderen ihn ergänzenden Akte präsentieren die Grundlagen des sozialistischen Programms zur Bekämpfung der Kriminalität. Diese bilden zugleich auch die Grundlagen eines modernen Verfahrens und Strafrechts.

Die besonderen Merkmale dieses sozialistischen Rechts sind:

zum Ersten: der besondere Schutz der politischen und wirtschaftlichen Grundinteressen Volkspolens;

zum Zweiten: der erhöhte Schutz des Bürgers, seiner Persönlichkeitsgüter und Grundrechte, sowie der öffentlichen Ordnung und Ruhe;

zum Dritten: harte Strafen für schwere Straftaten, demgegenüber eine elastische Strafpolitik bei geringfügigen Delikten sowie eine weitgefächerte Anwendung von Erziehungsmaßregeln;

zum Vierten: die verschärfte Bekämpfung der Rückfallkriminalität und des Hooliganismus sowie der Ausbau des Systems der dieser Kriminalität entgegenwirkenden Maßnahmen, und zwar sowohl durch eine Verschärfung der Strafzumessung als auch durch die Art ihrer Vollstreckung;

zum Fünften: die Einführung eines solchen Systems der Strafen und ihrer Zumessung, das es erlauben wird, eine wirksame Politik zur Bekämpfung der Kriminalität bei einer beschränkten Anwendung der Freiheitsentziehungsstrafe sowie bei einer entfalteten Ausnutzung der Strafen ohne Freiheitsentziehung und derjenigen Maßregeln zu führen, die wirtschaftliche Beschwernisse bewirken ...“

---

[5] *Łojewski*, Kazimierz, und *Mazur*, Edmund, Kodeks kany (zestawienie porównawcze przepisów nowego i dawnego kodeksu karnego oraz ustaw szczególnych).

[6] „Trybuna Ludu“ Nr. 107; Nachdruck : „Nowe Prawo“ Nr. 6, S. 876.

# STRAFKODEX

## Gesetz vom 19. April 1969*

## ALLGEMEINER TEIL

### KAPITEL I

### Grundsätze der Strafverantwortlichkeit

**Art. 1.** Nur derjenige unterliegt der Strafverantwortlichkeit, wer eine gesellschaftlich gefährliche Tat begeht, die durch ein im Zeitpunkt der Tatbegehung geltendes Gesetz unter Strafandrohung verboten ist.

**Art. 2.** § 1. Sofern im Zeitpunkt der Rechtsfindung ein anderes Gesetz als zur Zeit der Tatbegehung gilt, so findet das neue Gesetz Anwendung, jedoch ist das früher maßgebliche Gesetz in dem Falle anzuwenden, daß es für den Täter günstiger ist.

§ 2. Ist nach dem neuen Gesetz eine bereits abgeurteilte Tat nicht mehr unter Strafandrohung verboten, so unterliegt die Verurteilung kraft Gesetzes der Tilgung.

**Art. 3.** Das polnische Strafgesetz findet auf einen Täter Anwendung, der eine Straftat auf dem Gebiete der Polnischen Volksrepublik bzw. an Bord eines polnischen Wasser- oder Luftfahrzeuges begeht.

**Art. 4.** § 1. Eine Straftat gilt als in dem Zeitpunkt begangen, zu dem der Täter eine Handlung ausgeführt oder eine solche unterlassen hat, obwohl er zu ihrer Ausführung verpflichtet gewesen ist.

§ 2. Eine Straftat gilt als an dem Ort begangen, an dem der Täter eine Handlung ausgeführt oder eine solche, zu deren Ausführung er verpflichtet gewesen ist, unterlassen hat, bzw. an dem Ort, an dem der Erfolg der Straftat eingetreten ist oder eintreten sollte.

**Art. 5.** § 1. Eine Straftat bildet entweder ein Verbrechen oder ein Vergehen[1].

§ 2. Verbrechen sind Taten, die mit Freiheitsstrafe von mindestens 3 Jahren oder mit einer schwereren Strafe bedroht sind.

---

* Dziennik Ustaw Polskiej Rzeczypospolitej Ludowej 1969 Nr. 13, Pos. 94.

[1] Es wurde übersetzt: *przestępstwo* mit Straftat (oder Delikt); *zbrodnia* mit Verbrechen; *występek* mit Vergehen.

§ 3. Vergehen sind andere Taten, die mit der Strafe der Freiheitsentziehung von über 3 Monaten, der Freiheitsbeschränkung von über 3 Monaten oder mit Geldstrafe von mehr als 5 000 Zloty bedroht sind.

**Art. 6.** Ein Verbrechen kann nur vorsätzlich begangen werden; ein Vergehen kann auch fahrlässig begangen werden, wenn dies gesetzlich vorgesehen ist.

**Art. 7.** § 1. Eine vorsätzliche Straftat ist dann gegeben, wenn der Täter die Absicht hat, eine verbotene Tat zu begehen, d. h. wenn er sie begehen will oder wenn er ihre Begehung voraussehend diese in Kauf nimmt.

§ 2. Eine fahrlässige Straftat ist sowohl dann gegeben, wenn der Täter die Möglichkeit der Begehung einer verbotenen Tat voraussehend grundlos annimmt, daß er sie werde vermeiden können, als auch dann, wenn er eine solche Möglichkeit nicht voraussieht, obwohl er sie hätte voraussehen müssen und auch können.

**Art. 8.** Der Täter einer vorsätzlichen Straftat ist einer schwereren Verantwortlichkeit unterworfen, die das Gesetz von der konkreten Tatfolge abhängig macht, wenn er zumindest diese hätte voraussehen müssen und auch können.

**Art. 9.** § 1. Nach den Grundsätzen dieses Kodex ist verantwortlich, wer eine Straftat nach Vollendung des 17. Lebensjahres[2] begeht.

§ 2. Ein Minderjähriger[3], der nach Vollendung des 16. Lebensjahres ein Verbrechen gegen das Leben, das Verbrechen der Notzucht, des Raubes oder ein Verbrechen gegen die öffentliche Sicherheit begeht oder vorsätzlich eine schwere Körperverletzung bzw. Gesundheitsschädigung verursacht, kann nach den Grundsätzen dieses Kodex verantwortlich sein, wenn die Tatumstände sowie die persönlichen Eigenschaften und Bedingungen des Täters dafür sprechen, insbes. auch dann, wenn bereits früher zur Anwendung gebrachte Erziehungs- und Besserungsmaßnahmen erfolglos geblieben sind.

§ 3. Einem Täter gegenüber, der nach Vollendung des 17., jedoch vor Vollendung des 18. Lebensjahres ein Vergehen begangen hat, wendet das Gericht anstelle einer Strafe die für Minderjährige vorgesehenen Erziehungs- und Besserungsmaßregeln an, falls die Tatumstände sowie die persönlichen Eigenschaften und Bedingungen des Täters dies rechtfertigen.

**Art. 10.** § 1. Jede Einzeltat kann nur eine einzige Straftat bilden.

§ 2. Erfüllt eine Tat die in zwei oder mehreren Vorschriften des Strafgesetzes bezeichneten Tatbestände, so erfolgt die gerichtliche

---

[2] Zur Volljährigkeit vgl. Fn. 19.

[3] Die beschränkte Geschäftsfähigkeit wird nach Art. 15 Zivilkodex v. 23. 4. 1964 (DzU 1964 Nr. 16, Pos. 93) mit Vollendung des 13. Lebensjahres erreicht.

Verurteilung für eine Straftat auf Grund sämtlicher konkurrierender Vorschriften.

§ 3. In dem in § 2 bezeichneten Falle erfolgt die gerichtliche Strafzumessung nach derjenigen Vorschrift, die die schwerste Strafe vorsieht, unbeschadet der Möglichkeit, daß Nebenstrafen und Sicherungsmittel nach Maßgabe anderer konkurrierender Vorschriften verhängt werden können.

## KAPITEL II

## Formen der Begehung einer Straftat

**Art. 11.** § 1. Für Versuch ist verantwortlich, wer mit der Absicht der Begehung einer verbotenen Tat sein Verhalten unmittelbar auf deren Ausführung richtet, diese jedoch unterbleibt.

§ 2. Ein Versuch liegt auch dann vor, wenn es dem Täter nicht bewußt wird, daß die Tatausführung in Ermangelung eines für die Ausführung tauglichen Objektes oder infolge der Verwendung eines zur Erzielung der beabsichtigten Wirkung benutzten untauglichen Mittels unmöglich ist.

**Art. 12.** § 1. Die gerichtliche Strafzumessung für einen Versuch erfolgt im Rahmen der Strafandrohung für die gegebene Straftat.

§ 2. Im Falle des Art. 11 § 2 kann gerichtlich außerordentliche Strafmilderung angewandt und sogar auf eine Strafzumessung gänzlich verzichtet werden.

**Art. 13.** § 1. Bei einem erfolgten Versuch bleibt straflos, wer freiwillig von der Tat zurückgetreten ist oder die Folgen der Straftat verhindert hat.

§ 2. Gegenüber einem Täter, der freiwillig die Folgen der Straftat zu verhindern versucht hat, kann gerichtlich außerordentliche Strafmilderung zur Anwendung gebracht werden.

**Art. 14.** § 1. Vorbereitung liegt dann vor, wenn der Täter zum Zwecke der Begehung einer Straftat Mittel erwirbt oder vorbereitet, Informationen sammelt oder einen Aktionsplan entwirft, bzw. wenn er andere ähnliche Handlungen vornimmt, die die Voraussetzungen zur Ausführung einer Tat schaffen sollen, die die unmittelbare Begehung bezweckt, oder wenn er sich zur Begehung einer Straftat mit einer anderen Person in Verbindung setzt.

§ 2. Die Vorbereitung einer Straftat ist nur dann strafbar, wenn dies gesetzlich vorgesehen ist.

**Art. 15.** Eine Vorbereitung bleibt straflos, wenn der Täter von ihr freiwillig zurückgetreten ist, insbesondere wenn er die vorbereiteten Mittel vernichtet oder ihre künftige Benutzung verhindert hat.

**Art. 16.** Als Täter ist nicht nur derjenige verantwortlich, wer die Straftat selbst oder gemeinsam mit einer anderen Person begeht, sondern auch derjenige, der die Begehung einer verbotenen Tat durch eine andere Person leitet.

**Art. 17.** Spezifisch persönliche Umstände, die die Strafverantwortlichkeit mildern oder verschärfen, sind nur derjenigen Person zuzurechnen, bei der sie vorliegen.

**Art. 18.** § 1. Für Anstiftung ist verantwortlich, wer in der Absicht, daß eine verbotene Tat durch eine andere Person begangen werden soll, diese hierzu verleitet.

§ 2. Für Beihilfe ist verantwortlich, wer in der Absicht, daß eine verbotene Tat durch eine andere Person begangen werden soll, dieser Ratschläge oder Informationen erteilt oder ihr in ähnlicher Weise die Begehung dieser Tat erleichtert.

**Art. 19.** § 1. Anstifter und Gehilfe sind im Rahmen ihrer Absicht verantwortlich, und zwar selbst dann, wenn die Person, die die verbotene Tat begangen hat oder begehen sollte, keinerlei Verantwortlichkeit trägt.

§ 2. Bildet eine besondere Eigenschaft des Täters ein Merkmal des Straftatbestandes, das sich gegebenenfalls lediglich in der erhöhten Strafbarkeit auswirkt, so ist derjenige, der in Kenntnis dieser Eigenschaft den Täter zur Tat verleitet oder ihm hierzu Beihilfe leistet, auch dann als Anstifter oder Gehilfe verantwortlich, wenn er selbst diese Eigenschaft nicht besitzt.

**Art. 20.** § 1. Die gerichtliche Strafzumessung bei Anstiftung und Beihilfe richtet sich nach dem Rahmen der für die gegebene Straftat vorgesehenen Androhung.

§ 2. Unterblieb ein Versuch der verbotenen Tat, so kann das Gericht gegenüber Anstiftern und Gehilfen außerordentliche Strafmilderung zur Anwendung bringen oder auf Strafzumessung gänzlich verzichten.

**Art. 21.** § 1. Straflos bleibt der Anstifter oder Gehilfe, der freiwillig die Ausführung der verbotenen Tat verhindert.

§ 2. Gegenüber dem Anstifter oder Gehilfen, der freiwillig die Ausführung der verbotenen Tat zu verhindern versucht hat, kann das Gericht außerordentliche Strafmilderung zur Anwendung bringen.

§ 3. Die Vorschriften der §§ 1 und 2 finden gegenüber demjenigen keine Anwendung, der einen anderen zur Begehung einer verbotenen Tat zu dem Zweck verleitet, um gegen ihn ein Strafverfahren auszulösen.

## KAPITEL III

## Ausschluß der Strafverantwortlichkeit

**Art. 22.** § 1. Wer in Notwehr einem unmittelbaren rechtswidrigen Angriff gegen irgendein gesellschaftliches oder individuelles Gut begegnet, begeht keine Straftat.

§ 2. In Notwehr handelt insbesondere derjenige, der für die Wiederherstellung der öffentlichen Ordnung oder Ruhe eintritt, selbst wenn er hierzu dienstlich nicht verpflichtet ist.

§ 3. Werden die Grenzen der Notwehr insb. dadurch überschritten, daß der Täter sich in einer der Gefahr des Angriffs unangemessenen Weise verteidigt, so kann das Gericht außerordentliche Strafmilderung zur Anwendung bringen oder auf Strafzumessung gänzlich verzichten.

**Art. 23.** § 1. Keine Straftat begeht, wer zwecks Abwendung einer unmittelbaren Gefahr handelt, die ein gesellschaftliches oder irgendein individuelles Gut bedroht, sofern die Beseitigung der Gefahr in anderer Weise nicht möglich oder das aufgeopferte Gut nicht offensichtlich wertvoller als das gerettete ist.

§ 2. Werden die Grenzen des erhöhten Notstandes überschritten, kann das Gericht außerordentliche Strafmilderung zur Anwendung bringen oder auf Strafzumessung gänzlich verzichten.

§ 3. Die Vorschriften der §§ 1 und 2 finden keine Anwendung, wenn der Täter ein Gut aufopfert, zu dessen Schutz er selbst auf persönliche Gefahr hin verpflichtet ist.

**Art. 24.** § 1. Keine Straftat begeht, wer eine Tat infolge eines Irrtums über Umstände begeht, die Merkmale der verbotenen Tat bilden, es sei denn, daß es sich um ein fahrlässiges Vergehen handelt und der Irrtum die Folge von Leichtsinn oder Sorglosigkeit ist.

§ 2. Die Unkenntnis der Rechtswidrigkeit der Tat schließt die Verantwortlichkeit für diese nicht aus, es sei denn, daß der Täter den Irrtum nicht vermeiden konnte.

§ 3. Im Falle des § 2 kann das Gericht gegenüber dem Täter einer vorsätzlichen Straftat außerordentliche Strafmilderung zur Anwendung bringen.

**Art. 25.** § 1. Keine Straftat begeht, wer wegen geistiger Unterentwicklung, Geisteskrankheit oder sonstiger Störung seiner Geistestätigkeit im Zeitpunkt der Tat nicht in der Lage war, deren Bedeutung zu erkennen oder seine Verhaltensweise zu bestimmen.

§ 2. War im Zeitpunkt der Tatbegehung die Fähigkeit der Einsicht in die Bedeutung der Tat oder der Bestimmung der Verhaltensweise erheblich eingeschränkt, so kann das Gericht außerordentliche Strafmilderung zur Anwendung bringen.

§ 3. Die Vorschriften der §§ 1 und 2 finden keine Anwendung, falls der Täter sich in einen Rauschzustand versetzt hat, durch den seine Zurechnungsfähigkeit ausgeschlossen oder in starkem Maße eingeschränkt wurde, was er vorausgesehen hatte oder was er hätte voraussehen können.

**Art. 26.** § 1. Eine Tat, deren gesellschaftliche Gefährlichkeit nur geringfügig ist, bildet keine Straftat.

§ 2. Im Falle des § 1 ist die Verantwortlichkeit des Täters vor einem anderen Staatsorgan, einer gesellschaftlichen Einrichtung oder Organisation im Rahmen ihrer Zuständigkeit nicht ausgeschlossen.

## KAPITEL IV

### Bedingte Einstellung des Verfahrens

**Art. 27.** § 1. Ein Strafverfahren kann bedingt eingestellt werden, falls der Grad der gesellschaftlichen Gefährlichkeit der Tat geringfügig ist und die Haltung des für eine Straftat nicht vorbestraften Täters, seine persönlichen Eigenschaften und Bedingungen sowie seine bisherige Lebensweise die Annahme rechtfertigen, daß er trotz Einstellung des Verfahrens die Rechtsordnung beachten und keine neue Straftat begehen wird.

§ 2. Die bedingte Einstellung ist unzulässig, falls die Straftat mit einer Freiheitsentziehungsstrafe von über 3 Jahren bedroht ist.

**Art. 28.** § 1. Die bedingte Einstellung kann von der Leistung einer Bürgschaft abhängig gemacht werden, die in der Zusicherung von Bemühungen darum besteht, daß der Täter die Rechtsordnung achtet und insbesondere keine neue Straftat begeht; diese kann von einer gesellschaftlichen Organisation übernommen werden, der der Täter angehört, bzw. von einem Kollektiv, in dem er arbeitet, Dienste leistet oder lernt; die Bürgschaft kann auch von einer vertrauenswürdigen Person übernommen werden.

§ 2. Anläßlich der bedingten Einstellung des Strafverfahrens können dem Täter folgende Verpflichtungen auferlegt werden:

1. den durch die Straftat zugefügten Schaden ganz oder teilweise zu ersetzen;
2. sich bei dem Geschädigten zu entschuldigen;
3. bestimmte gemeinnützige Arbeiten oder Leistungen zu erbringen.

§ 3. Erfolgt die bedingte Einstellung des Strafverfahrens in Sachen einer Vermögensstraftat, so sind die in § 2 Ziff. 1 bezeichneten Verpflichtungen aufzuerlegen, falls der Schaden nicht ersetzt wurde.

§ 4. Die in § 2 Ziff. 3 vorgesehenen gemeinnützigen Arbeiten dürfen eine Stundenzahl von 20 nicht übersteigen.

**Art. 29.** § 1. Die bedingte Einstellung erfolgt für eine Probezeit, die von einem Jahr bis zu 2 Jahren dauert und deren Laufzeit mit der Rechtskraft der Entscheidung beginnt.

§ 2. Das Strafverfahren wird wieder aufgenommen, falls der Täter während der Probezeit den ihm gem. Art. 28 auferlegten Verpflichtungen nicht nachkommt oder, selbst wenn dies noch vor Rechtskraft der Entscheidung erfolgt ist, die Rechtsordnung in grober Weise verletzt, insbesondere eine weitere Straftat begangen hat.

§ 3. Die Wiederaufnahme eines bedingt eingestellten Strafverfahrens ist spätestens 3 Monate nach Ablauf der Probezeit zulässig.

## KAPITEL V
## Hauptstrafen

**Art. 30.** § 1. Hauptstrafen sind:

1. die Freiheitsentziehung,
2. die Freiheitsbeschränkung,
3. die Geldstrafe.

§ 2. Die Todesstrafe[4] ist eine außerordentliche Hauptstrafe, die für schwerste Verbrechen vorgesehen ist.

§ 3. Für eine mit der Todesstrafe bedrohte Straftat sowie in anderen gesetzlich vorgesehenen Fällen kann eine Hauptstrafe von 25 Jahren Freiheitsentziehung verhängt werden.

**Art. 31.** Die Todesstrafe ist unanwendbar gegenüber einer Person, die im Zeitpunkt der Begehung der Straftat das 18. Lebensjahr noch nicht vollendet hatte sowie gegenüber einer schwangeren Frau[5].

**Art. 32.** § 1. Die Dauer der Strafe der Freiheitsentziehung[6] beträgt mindestens 3 Monate und höchstens 15 Jahre.

§ 2. Die Strafe der Freiheitsentziehung unter einem Jahr wird in Monaten, diejenige über einem Jahr — in Jahren und Monaten bemessen.

---

[4] Die Hinrichtung von Zivilpersonen erfolgt durch den Strang, von Militärpersonen — durch Füsilierung (Art. 110 Strafvollzugskodex von 1969).

[5] In diesen Fällen wird die Todesstrafe gerichtlich in eine 25jährige Freiheitsentziehungsstrafe umgewandelt (Art. 111 Strafvollzugskodex).

[6] Die Strafe wird in Strafvollzugsanstalten verbüßt. Man unterscheidet folgende Abarten: a) Arbeitszentren; b) ordentliche Strafvollzugsanstalten; c) Übergangsanstalten; d) Strafvollzugsanstalten für Jugendliche; e) Strafvollzugsanstalten für Rückfällige; f) Strafvollzugsanstalten für Verurteilte, die besonderen medizinisch-pädagogischen Maßnahmen unterworfen sind; g) Strafvollzugsanstalten für Militärangehörige (Art. 38, 39 Strafvollzugskodex).

**Art. 33.** § 1. Die Dauer der Strafe der Freiheitsbeschränkung beträgt mindestens 3 Monate und höchstens 2 Jahre; sie wird in Jahren und Monaten zugemessen.

§ 2. Während der Zeitdauer der Verbüßung der Strafe der Freiheitsbeschränkung:

1. darf der Verurteilte ohne gerichtliche Genehmigung seinen ständigen Aufenthaltsort nicht wechseln;
2. muß er die ihm gerichtlich zugewiesenen Arbeiten ausführen;
3. ist ihm das Recht entzogen, Funktionen in gesellschaftlichen Organisationen auszuüben;
4. ist er verpflichtet, Auskünfte über den Verlauf seiner Strafvollstreckung zu erteilen.

**Art. 34.** § 1. Die in Art. 33 § 2 Ziff. 2 bezeichnete Verpflichtung besteht in der Ausübung von überwachten Arbeiten zu gemeinnützigen Zwecken in einem Umfang von 20 bis 50 Stunden im Monat.

§ 2. Das Gericht kann gegenüber einer in einem vergesellschafteten Arbeitsbetrieb beschäftigten Person anstelle der in § 1 bezeichneten Verpflichtung eine 10—25 %ige Kürzung der Arbeitsbezüge zugunsten des Staatsschatzes oder für einen gerichtlich zu bestimmenden gemeinnützigen Zweck anordnen; der Verurteilte darf während der Dauer der Strafverbüßung sein Arbeitsverhältnis ohne gerichtliche Genehmigung nicht auflösen, ihm darf weder eine höhere Entlohnung noch eine bessere Stellung zugesprochen werden.

§ 3. Eine nicht arbeitsfähige Person kann gerichtlich anstelle der Auferlegung der in § 1 bezeichneten Verpflichtung aus erzieherischen Gründen in einen entsprechenden vergesellschafteten Arbeitsbetrieb zum Zwecke der Arbeitsleistung eingewiesen werden.

**Art. 35.** Bei der Zumessung einer Freiheitsbeschränkungsstrafe können dem Verurteilten gerichtlich folgende Verpflichtungen auferlegt werden:

1. den durch die Straftat zugefügten Schaden gänzlich oder teilweise zu ersetzen,
2. sich beim Geschädigten zu entschuldigen.

**Art. 36.** § 1. Die Geldstrafe wird in Höhe von 500 bis 25 000 Zloty zugemessen.

§ 2. Eine neben einer Freiheitsentziehungsstrafe zu verhängende Geldstrafe wird in Höhe von 500 bis 1 000 000 Zloty zugemessen.

§ 3. Das Gericht verhängt die in § 2 bezeichnete Geldstrafe, falls der Täter in der Absicht der Erlangung von Vermögensvorteilen gehandelt hat und in anderen gesetzlich vorgesehenen Fällen.

§ 4. Bei einer Verurteilung für eine vorsätzliche Straftat kann das Gericht die in § 2 bezeichnete Geldstrafe verhängen, falls der Täter einen Schaden am gesellschaftlichen Vermögen zugefügt hat.

**Art. 37.** § 1. Für den Fall der nichttermingerechten Leistung einer 1 000 Zloty übersteigenden Geldstrafe setzt das Gericht eine Ersatz-Freiheitsentziehungsstrafe fest, wobei es einen Tag Freiheitsentziehung für eine Geldstrafe von jeweils 50 bis 150 Zloty zugrunde legt.

§ 2. Die Ersatzstrafe darf weder 3 Jahre Freiheitsentziehung noch das für die gegebene Straftat vorgesehene Höchstmaß der Freiheitsentziehungsstrafe übersteigen; sie wird in Jahren, Monaten und Tagen zugemessen.

## KAPITEL VI

## Nebenstrafen

**Art. 38.** Nebenstrafen sind:

1. die Aberkennung der öffentlichen Rechte,
2. die Aberkennung von Rechten der Eltern und Vormünder,
3. das Verbot der Bekleidung bestimmter Stellungen, der Ausübung eines bestimmten Berufes oder einer bestimmten Tätigkeit,
4. das Verbot der Führung von Kraftfahrzeugen,
5. die Einziehung des Vermögens,
6. der Verfall von Sachen,
7. die in bestimmter Weise vorzunehmende Veröffentlichung des Urteils.

**Art. 39.** Die Aberkennung der öffentlichen Rechte umfaßt den Verlust des aktiven und des passiven Wahlrechts für Sejm und Nationalräte[7], den Verlust des Rechts auf Beteiligung an der Rechtsprechung[8] und auf Ausübung von mit besonderer Verantwortung verbundenen Funktionen in staatlichen Organen und Institutionen und in Gesellschaftsorganisationen, sowie die Einbuße eines erworbenen militärischen Dienstranges unter Rückversetzung in den Rang des Liniensoldaten; die Aberkennung der öffentlichen Rechte umfaßt ferner den Verlust von Orden, Auszeichnungen und Ehrentiteln sowie der Fähigkeit zu ihrem Wiedererwerb während der Zeitdauer der Aberkennung dieser Rechte.

**Art. 40.** § 1. Die gerichtliche Aberkennung der öffentlichen Rechte muß erfolgen bei einer Verurteilung:

1. zur Todesstrafe oder zur Strafe der 25jährigen Freiheitsentziehung,

---

[7] Dies sind die Organe der Staatsgewalt der verschiedenen territorialen Verwaltungsebenen (Wojewodschaft, Kreis und Bauernschaft).

[8] Beispielsweise als Volksschöffen bei den ordentlichen Gerichten, als Mitglieder der Kameradengerichte in den Betrieben usw.

2. für ein Verbrechen gegen politische oder wirtschaftliche Grundinteressen der Polnischen Volksrepublik,
3. für sonstige Verbrechen, die in der Absicht der Erlangung von Vermögensvorteilen begangen werden.

§ 2. Die Aberkennung der öffentlichen Rechte kann gerichtlich im Falle der Verurteilung zu einer Freiheitsentziehungsstrafe von mindestens einem Jahr für eine sonstige aus niedriger Gesinnung begangene Straftat erfolgen.

**Art. 41.** Bei einer Verurteilung für eine zum Nachteil Minderjähriger oder im Zusammenwirken mit Minderjährigen oder unter solchen Umständen begangene Straftat, unter denen die Tat ein schlechtes Vorbild für einen Minderjährigen bilden könnte, kann gerichtlich die Aberkennung von Rechten der Eltern und Vormünder verhängt werden, wodurch zugleich die Fähigkeit zu deren Wiedererlangung während der Zeitdauer der Aberkennung dieser Rechte verlustig geht.

**Art. 42.** § 1. Gerichtlich kann das Verbot der Bekleidung bestimmter Stellungen und der Ausübung eines bestimmten Berufes ausgesprochen werden, sofern der Täter bei der Tatbegehung seine Stellung oder seinen Beruf mißbraucht oder erwiesen hat, daß die weitere Bekleidung dieser Stellung oder die Ausübung dieses Berufes durch ihn das gesellschaftliche Interesse gefährdet.

§ 2. In gesetzlich vorgesehenen Fällen kann gerichtlich das Verbot der Ausübung einer bestimmten Tätigkeit ausgesprochen werden insb. einer solchen aus dem Bereiche der Produktion, Verarbeitung, des Handels oder der Dienstleistungen.

**Art. 43.** § 1. Bei der Verurteilung des Fahrers eines Kraftfahrzeuges für eine gegen die Sicherheit des Land-, Wasser- oder Luftverkehrs gerichtete Straftat kann gerichtlich ein Verbot des Führens von Kraftfahrzeugen verhängt werden.

§ 2. Das gerichtliche Verbot des Führens von Kraftfahrzeugen muß verhängt werden, wenn sich der Täter bei der Begehung der in § 1 bezeichneten Straftat in einem Rauschzustand befunden hat.

**Art. 44.** § 1. Die in Art. 38 Ziff. 1—4 bezeichneten Strafen werden für eine Zeitdauer von einem Jahr bis zu 10 Jahren verhängt.

§ 2. Neben der Todesstrafe unterbleibt die gerichtliche Verhängung einer Geldstrafe bzw. der in Art. 38 Ziff. 2—4 bezeichneten Nebenstrafen, dagegen muß die dauernde Aberkennung der öffentlichen Rechte ausgesprochen werden.

**Art. 45.** Die Aberkennung von Rechten bzw. ein verhängtes Verbot gelten von der Rechtskraft des Urteils ab; die Frist, für die sie verhängt wurden, läuft weder während der Zeitdauer der Verbüßung der Freiheitsstrafe, selbst wenn diese eine andere Straftat betrifft, noch während eines Aufenthaltes in einem Zentrum für gesellschaftliche Anpassung[9].

**Art. 46.** § 1. Die Einziehung des ganzen Vermögens oder eines Teils desselben muß gerichtlich verhängt werden bei der Verurteilung für ein Verbrechen:

1. gegen politische und wirtschaftliche Grundinteressen der Polnischen Volksrepublik,
2. wegen Aneignung von gesellschaftlichem Vermögen in beträchtlichem Umfang.

§ 2. Gerichtlich kann die Einziehung des ganzen Vermögens oder eines Teils desselben bei einer Verurteilung für ein anderes Verbrechen verhängt werden, das in der Absicht der Erlangung von Vermögensvorteilen begangen wurde.

**Art. 47.** § 1. Die Einziehung umfaßt dasjenige Vermögen, das dem Täter im Zeitpunkt der Verkündung des Urteils gehört, selbst wenn dieses noch nicht rechtskräftig geworden ist. Gegenstände und Vermögensrechte, die der Einziehung nicht unterliegen, werden durch Vorschriften über den Strafvollzug[10] bestimmt.

§ 2. Mit der Rechtskraft des Urteils geht das eingezogene Vermögen an den Staatsschatz über.

§ 3. Wird die Einziehung eines Vermögensteils verhängt, so sind die einzelnen Gegenstände oder sonstigen Bestandteile des Vermögens des Verurteilten gerichtlich zu bezeichnen, die der Einziehung unterliegen.

**Art. 48.** § 1. Der Verfall sowohl der Geräte und sonstigen Gegenstände, die der Begehung der Straftat gedient haben oder hierfür vorgesehen waren, als auch solcher Gegenstände, die mittel- oder unmittelbar der Straftat entstammen, kann gerichtlich angeordnet werden.

§ 2. Bei der Verurteilung für eine Straftat, die in der Verletzung eines Verbotes der Erzeugung, des Besitzes, des Umsatzes mit oder

---

[9] „Die Unterbringung in einem Zentrum der gesellschaftlichen Anpassung bezweckt die zusätzliche Einwirkung zur Resozialisierung des Verurteilten unter den Bedingungen der Freiheitsbeschränkung, der Erprobung des Anpassungsgrades des Verurteilten an ein der Rechtsordnung entsprechendes Leben in der Gesellschaft, im Wege der stufenweisen Erweiterung seiner Befugnisse; ferner bezweckt sie den Schutz der Gesellschaft vor weiteren Verletzungen der Rechtsordnung durch die im Zentrum untergebrachten Personen.

Das wichtigste Mittel für die Resozialisierungsmaßnahmen im Zentrum der gesellschaftlichen Anpassung ist die gesellschaftlich nützliche Arbeit" (Art. 95 §§ 1 und 2 Strafvollstreckungs-Kodex).

[10] Art. 159—168 Strafvollstreckungs-Kodex betreffend die Vermögenseinziehung.

des Transportes von bestimmten Gegenständen beruht, kann der Verfall dieser Gegenstände gerichtlich angeordnet werden.

§ 3. Bilden die in § 1 bzw. 2 bezeichneten Geräte und sonstigen Gegenstände kein Eigentum des Täters, so kann der Verfall nur in den gesetzlich zugelassenen Fällen verhängt werden.

§ 4. Der in § 1 bzw. 2 vorgesehene Verfall ist zwingend in den gesetzlich vorgesehenen Fällen.

§ 5. Die Vorschrift des Art. 47 § 2 findet sinngemäße Anwendung.

**Art. 49.** Die Veröffentlichung des Urteils kann auf gerichtliche Anordnung im Arbeitsbetrieb, in einer Zeitschrift oder in sonstiger angemessener Weise erfolgen, wenn das Gericht dies für zweckmäßig ansieht, insbesondere mit Rücksicht auf die gesellschaftliche Auswirkung der Strafe oder auf das Interesse des Geschädigten.

## KAPITEL VII

## Strafzumessung

**Art. 50.** § 1. Das Gericht bemißt die Strafe nach eigenem Ermessen in dem gesetzlich vorgeschriebenen Rahmen, indem es den Grad der gesellschaftlichen Gefährlichkeit der Tat berücksichtigt und den Strafzweck im Bereiche der gesellschaftlichen Einwirkung sowie die Präventiv- und Erziehungszwecke in Betracht zieht, die die Strafe dem Verurteilten gegenüber erzielen soll.

§ 2. Bei Berücksichtigung der in § 1 bezeichneten Hinweise berücksichtigt das Gericht insbesondere die Art und den Umfang des durch die Straftat verursachten Schadens, die Motive und die Handlungsweise des Täters, seine persönlichen Eigenschaften und Bedingungen sowie seine Lebensführung vor und sein Verhalten nach Begehung der Straftat, ferner sein etwaiges Zusammenwirken mit einem Minderjährigen bei der Tatbegehung.

§ 3. Bei der Zumessung einer Geldstrafe sind vom Gericht darüber hinaus die Vermögens- und Einkommensverhältnisse des Täters sowie die Vorteile zu berücksichtigen, die er durch Begehung der Straftat erzielt oder zu erzielen beabsichtigt hat.

**Art. 51.** Bei der Strafzumessung gegenüber einem Minderjährigen hat das Gericht in erster Linie davon auszugehen, daß der Verurteilte erzogen werden, einen Beruf erlernen und an die Achtung der Rechtsordnung gewöhnt werden soll.

**Art. 52.** Eine frühere Verurteilung des Täters für eine vorsätzliche Straftat oder für eine ähnliche fahrlässige Straftat wird vom Gericht als strafverschärfender Umstand berücksichtigt; ist die Auswahl der Strafart gesetzlich zugelassen, so wird eine mildernde Strafart nur dann gerichtlich zugemessen, wenn die in Art. 50 vorgesehenen Rücksichten dafür sprechen.

**Art. 53.** Umstände, die die Strafzumessung beeinflussen, sind nur der Person zuzurechnen, für die sie gegeben sind.

**Art. 54.** § 1. Ist eine Straftat lediglich mit Freiheitsentziehungsstrafe bedroht, deren untere Grenze 3 Monate nicht übersteigt, und würde hierfür keine höhere Strafe als Freiheitsentziehung bis zu 6 Monaten verhängt werden, so kann das Gericht davon ausgehend, daß die Anwendung einer solchen Strafe unzweckmäßig ist, eine Freiheitsbeschränkungs- oder Geldstrafe verhängen.

§ 2. Die Bestimmung des § 1 findet keine Anwendung auf den Täter eines vorsätzlichen Vergehens, der bereits früher für eine vorsätzliche Straftat mit Freiheitsentziehungsstrafe bestraft worden ist.

**Art. 55.** In den Fällen des Art. 54 § 1 sowie in denjenigen, in denen eine Straftat mit Freiheitsbeschränkungs- oder Geldstrafen bedroht wird, kann sich das Gericht mit der Verhängung einer der in Art. 38 Ziff. 2—4 und 6 bezeichneten Nebenstrafen begnügen, falls die Voraussetzungen für deren Verhängung gegeben sind und der Strafzweck auf diese Weise erreicht wird.

**Art. 56.** In den gesetzlich vorgesehenen Fällen kann das Gericht von einer Strafzumessung Abstand nehmen, wodurch es nicht gehindert ist, eine Nebenstrafe zu verhängen, falls die Voraussetzungen hierfür gegeben sind.

**Art. 57.** § 1. Das Gericht kann außerordentliche Strafmilderung zur Anwendung bringen, und zwar in den gesetzlich vorgesehenen Fällen sowie gegenüber einem Minderjährigen[11], der nach Art. 9 § 2 verantwortlich ist, und in besonders begründeten Fällen auch gegenüber einem Jugendlichen[12].

§ 2. Außerordentliche Strafmilderung kann ferner auch in besonders begründeten Ausnahmefällen gerichtlich zur Anwendung gebracht werden, in denen selbst die niedrigste für diese Straftat vorgesehene Strafe unangemessen hart wäre, insbesondere in nachfolgenden Fällen:

1. bei Berücksichtigung des Verhaltens des Täters, insb. wenn er sich um den Ersatz oder um die Verhinderung des Schadens bemüht oder wenn er zur Aufdeckung der Straftat beigetragen hat;

2. gegenüber dem Täter einer Straftat, die von mehreren Personen gemeinsam begangen wurde, wenn er hierbei eine untergeordnete Rolle spielte und der durch ihn erlangte rechtswidrige Vorteil unbedeutend war.

§ 3. Die außerordentliche Strafmilderung beruht auf der Zumessung einer Strafe, die unterhalb des Rahmens der gesetzlichen Straf-

---

[11] Vgl. Fn. 2.

[12] Vgl. Legaldefinition in Art. 120 § 4 StK.

sanktionen liegt, oder einer milderen Strafart nach folgenden Grundsätzen:

1. falls es sich um ein Verbrechen handelt — kann das Gericht eine Freiheitsentziehungsstrafe zumessen, die mindestens einem Drittel des unteren Rahmens der Strafsanktion zu entsprechen hat;

2. falls es sich um ein Vergehen handelt, bei dem der untere Rahmen der Strafsanktion mindestens ein Jahr beträgt — kann das Gericht eine Freiheitsentziehungsstrafe von mindestens 6 Monaten zumessen;

3. falls es sich um ein Vergehen handelt, bei dem die untere Grenze der Strafsanktion weniger als ein Jahr beträgt — kann das Gericht eine Freiheitsentziehungsstrafe bis zu 6 Monaten oder eine Geldstrafe zumessen.

§ 4. Bei der Anwendung der außerordentlichen Strafmilderung kann das Gericht von der Verhängung einer Nebenstrafe absehen, selbst wenn deren Zumessung zwingend vorgeschrieben ist.

**Art. 58.** Im Falle einer Verurteilung für ein Dauerdelikt kann das Gericht eine Strafe zumessen, die im Rahmen der um die Hälfte erhöhten gesetzlichen Höchstsanktion bleibt, ohne den Rahmen der gegebenen Strafart zu übersteigen.

**Art. 59.** § 1. Hat der Täter ein vorsätzliches Vergehen hooliganischer Natur[13] begangen, so wird durch das Gericht eine Freiheitsentziehungsstrafe zugemessen, deren Mindesthöhe nicht unterhalb der um die Hälfte erhöhten angedrohten Mindeststrafe liegen darf, und wenn gesetzlich eine Auswahl zwischen mehreren Strafarten nicht vorgesehen ist, so darf das Gericht eine auf diese Weise verschärfte mildere Strafart nur ausnahmsweise zur Anwendung bringen.

§ 2. Das Gericht darf dem Täter gegenüber weder die Vorschriften der Art. 54 und 55 noch die bedingte Strafaussetzung zur Anwendung bringen, es sei denn, daß besondere Umstände dies erforderlich machen.

§ 3. Das Gericht kann zugunsten des Geschädigten oder des Polnischen Roten Kreuzes oder für einen anderen gerichtlich zu bezeich-

---

[13] Legaldefinition vgl. Art. 120 § 14 StK. Der Begriff des Hooliganismus stammt aus England. Ende des XIX. Jh. machte in dem Londoner Vorort Southwark die irische Familie *Houlihan* oder *Houligan* von sich reden. Sie belästigte ihre Nachbarschaft derart, daß man ihren Familiennamen ganz allgemein auf Radaulanten anzuwenden begann. Dieses Wort wurde später in den USA heimisch, wo man es synonym neben dem aus San Franzisko stammenden Ausdruck „Hoodlum“ für Exzesse vagabundierender Straßenbanden zu benutzen begann. Aus Amerika fand der Begriff des „Hooliganismus“ während der Zwischenkriegszeit Eingang in die Rechtssprache der Sowjetunion und später die der Volksdemokratien bzw. der

nenden gemeinnützigen Zweck eine Auflage von 500 bis 5 000 Zloty zusprechen.

## KAPITEL VIII

## Rückfalls-Straftat

**Art. 60.** § 1. Begeht ein wegen einer vorsätzlichen Straftat zu einer Freiheitsentziehungsstrafe verurteilter Täter innerhalb von 5 Jahren seit der erfolgten Verbüßung von mindestens 6 Monaten seiner Strafe eine neue vorsätzliche Straftat, die derjenigen ähnelt[14], für die er zuvor verurteilt worden ist, so hat das Gericht ihm eine Freiheitsentziehungsstrafe im Rahmen der doppelten Höhe der angedrohten Mindeststrafe bis zur gesetzlichen Höchststrafe, die um die Hälfte erhöht wird, zuzumessen.

§ 2. Einem unter den in § 1 bezeichneten Voraussetzungen zweimal vorbestraften Täter, der insgesamt ein Jahr Freiheitsentziehung verbüßt hat und innerhalb von 5 Jahren seit Verbüßung der letzten Strafe erneut eine vorsätzliche Straftat mit der Absicht der Erlangung von Vermögensvorteilen oder eine solche hooliganischer Natur begeht, die mindestens einer der zuvor begangenen Straftaten ähneln, so mißt das Gericht eine Strafe im Rahmen der dreifachen Höhe der gesetzlich angedrohten Mindeststrafe, jedoch nicht weniger als 2 Jahre, bis zu der um die Hälfte erhöhten gesetzlichen Höchststrafe zu, und falls die Höchstgrenze der gesetzlichen Androhung 3 Jahre nicht übersteigt — bis zu 5 Jahren Freiheitsentziehung.

§ 3. Die in den §§ 1 bzw. 2 vorgesehene Erhöhung der unteren gesetzlichen Sanktion betrifft nicht Fälle, in denen die Straftat ein Verbrechen ist; in solchen Fällen wertet das Gericht die Verübung der Straftat unter den in §§ 1 bzw. 2 genannten Voraussetzungen als strafschärfenden Umstand.

§ 4. Die gemäß §§ 1, 2 oder 3 zugemessene Strafe darf 15 Jahre Freiheitsentziehung nicht übersteigen.

**Art. 61.** In besonders begründeten Fällen, in denen selbst eine nach Art. 60 §§ 1 oder 2 zuerkannte Mindeststrafe mit Rücksicht auf die Beweggründe des Täters, seine persönlichen Eigenschaften und Bedingungen sowie seine Lebensweise vor und sein Verhalten nach der Tatbegehung unangemessen hart wäre, kann das Gericht von der Anwendung der in Art. 60 §§ 1 bzw. 2 bezeichneten Grundsätze absehen; in solchen Fällen wertet das Gericht die Verübung der Straftat unter den in Art. 60 §§ 1 bzw. 2 genannten Voraussetzungen als strafverschärfenden Umstand.

---

Sozialistischen Staaten (vgl. *Cyprian, T.*, Niektóre formy i przyczyny chuligaństwa, in: „Chuligaństwo", Warschau 1956, S. 146).

[14] Legaldefinition in Art. 120 § 2 StK.

**Art. 62.** § 1. Gegenüber einem unter den in Art. 60 § 1 bezeichneten Voraussetzungen verurteilten Täter kann gerichtlich Schutzaufsicht angeordnet werden.

§ 2. Gegenüber einem unter den in Art. 60 § 2 bezeichneten Voraussetzungen verurteilten Täter muß gerichtlich Schutzaufsicht angeordnet werden; genügt die Anordnung einer derartigen Aufsicht zur Verhinderung einer Rückfallsstraftat nicht, so kann die gerichtliche Unterbringung des Verurteilten in einem Zentrum der gesellschaftlichen Anpassung angeordnet werden.

**Art. 63.** § 1. Die Schutzaufsicht wird für die Dauer von 3 bis 5 Jahren angeordnet; der Fristlauf beginnt mit dem Zeitpunkt der Entlassung des Verurteilten aus der Strafanstalt.

§ 2. Der Rückfalltäter, dem gegenüber die Schutzaufsicht angeordnet wurde, darf seinen Wohnsitz ohne gerichtliche Genehmigung nicht ändern, ist verpflichtet, auf gerichtliche Vorladung hin zu erscheinen und gerichtliche Auflagen zu erfüllen; gerichtlich kann ihm der Aufenthalt an bestimmten Orten verboten oder ihm der Aufenthalt an einem anderen Ort auferlegt werden.

§ 3. Die Auflagen können betreffen:

1. die Erfüllung der dem Verurteilten obliegenden Unterhaltspflicht gegenüber anderen Personen;
2. die Ausführung von bestimmten Aufgaben für gemeinnützige Zwecke;
3. die Ausübung einer Erwerbstätigkeit, den Eintritt in eine Lehre oder die Vorbereitung auf einen Beruf;
4. die Unterlassung des Alkoholmißbrauchs;
5. die Unterwerfung unter ein Heilverfahren;
6. die Unterlassung des Aufenthaltes in einer bestimmten Umgebung oder an bestimmten Örtlichkeiten;
7. andere zweckmäßige Maßnahmen der Schutzaufsicht, sofern diese geeignet sind, der erneuten Begehung einer Straftat vorzubeugen.

§ 4. Während der Dauer der Schutzaufsicht kann das Gericht nach Bedarf die in §§ 2 bzw. 3 bezeichneten Auflagen machen, erweitern oder ändern.

**Art. 64.** Kommt der Rückfalltäter der Erfüllung der in Art. 63 §§ 2 bzw. 3 bezeichneten Obliegenheiten nicht nach, verhindert er oder erschwert er die Erreichung des Schutzaufsichtszweckes, so kann das Gericht seine Unterbringung in einem Zentrum der gesellschaftlichen Anpassung anordnen.

**Art. 65.** § 1. Die Dauer des Aufenthaltes in einem Zentrum der gesellschaftlichen Anpassung wird im voraus nicht festgelegt; sie darf jedoch 5 Jahre nicht übersteigen.

§ 2. Nach Ablauf von 2 Jahren kann die Entlassung des Verurteilten gerichtlich angeordnet werden, sofern Anlaß zu der Annahme besteht, daß er nach seiner Entlassung nicht erneut straffällig wird.

§ 3. Die in Art. 60 §§1 bzw. 2 bezeichnete Fünfjahresfrist läuft nicht während der Zeit, in der sich der Täter in einem Zentrum der gesellschaftlichen Anpassung befindet.

## KAPITEL IX

## Vorschriften über die Gesamtstrafe

**Art. 66.** Hatte der Täter zwei oder mehrere Straftaten verübt, bevor das erste, wenn auch noch nicht rechtskräftige, Urteil hinsichtlich irgendeiner von diesen Straftaten ergangen ist, und wurden hierfür gleichartige Grundstrafen zugemessen, so ist hieraus gerichtlich eine Gesamtstrafe zu bilden, wobei die für die einzelnen konkurrierenden Straftaten zugemessenen Strafen zugrunde gelegt werden.

**Art. 67.** § 1. Die Gesamtstrafe darf nicht niedriger sein als die für eine von den einzelnen Strafen zugemessene höchste Einzelstrafe und darf weder die Summe der insgesamt zugemessenen Einzelstrafen noch den Rahmen der gegebenen Strafart übersteigen.

§ 2. Bei der Bildung einer Gesamtfreiheitsbeschränkungsstrafe darf die Arbeit für öffentliche Zwecke 50 Stunden monatlich und die Höhe der Abzüge 25 % der dem Verurteilten gebührenden Arbeitsvergütung nicht übersteigen.

**Art. 68.** § 1. Im Falle einer Verurteilung für eine der konkurrierenden Straftaten zur Todesstrafe wird diese Strafe als Gesamtgrundstrafe zugemessen.

§ 2. Im Falle der Verurteilung für eine der konkurrierenden Strafen zur 25jährigen Freiheitsentziehungsstrafe wird diese Strafe als Gesamtgrundstrafe zugemessen.

**Art. 69.** Bei einer Verurteilung für miteinander konkurrierende Straftaten zu Freiheitsentziehungs- und Freiheitsbeschränkungsstrafen mißt das Gericht eine Gesamtfreiheitsentziehungsstrafe zu, wobei ein Monat Freiheitsbeschränkung einer Freiheitsentziehung von 15 Tagen gleichgesetzt wird.

**Art. 70.** § 1. Bei einer Verurteilung für konkurrierende Straftaten zu Freiheitsentziehungs- und zu Geldstrafen mißt das Gericht gesondert eine Gesamtfreiheitsentziehungsstrafe und gesondert eine Gesamtgeldstrafe zu.

§ 2. Die Vorschrift des § 1 findet sinngemäß Anwendung auf eine Verurteilung für konkurrierende Straftaten zu Freiheitsbeschränkungs- und zu Geldstrafen.

**Art. 71.** § 1. Nebenstrafen und Sicherungsmittel sowie Schutzaufsicht und Unterbringung in einem Zentrum der gesellschaftlichen Anpassung finden selbst dann Anwendung, wenn sie für nur eine der konkurrierenden Straftaten zugemessen wurden.

§ 2. Bei Verurteilungen für konkurrierende Straftaten zu gleichartigen Strafen nach Art. 38 Ziff. 1—4 wendet das Gericht die Vorschriften über die Gesamtstrafenbildung sinngemäß an.

**Art. 72.** Die Bildung einer Gesamtstrafe hindert nicht, daß die einzelnen zugemessenen Strafarten für die konkurrierenden Straftaten bereits gänzlich oder teilweise vollstreckt worden sind.

## KAPITEL X

## Bedingte Aussetzung der Strafvollstreckung

**Art. 73.** § 1. Das Gericht kann die Vollstreckung einer Freiheitsentziehungsstrafe bis zu 2 Jahren im Falle einer Verurteilung für eine vorsätzliche und bis zu 3 Jahren im Falle einer Verurteilung für eine fahrlässige Straftat bedingt aussetzen.

§ 2. Bei einer Aussetzung der Strafvollstreckung berücksichtigt das Gericht die persönlichen Eigenschaften und Bedingungen des Täters sowie seine bisherige Lebensweise, wonach die Annahme gerechtfertigt erscheint, daß er trotz der unterbliebenen Vollstreckung der Strafe die Rechtsordnung einhalten und insbesondere keine weiteren Straftaten begehen wird; das Gericht berücksichtigt ferner, ob bei Beachtung der sozialen Auswirkungen der Strafe die Aussetzung ihrer Vollstreckung gerechtfertigt erscheint.

§ 3. Die Aussetzung einer Strafe unterbleibt gegenüber den in Art. 60 §§ 1 und 2 bezeichneten Personen.

**Art. 74.** § 1. Die Aussetzung der Strafvollstreckung erfolgt für eine Probezeit von 2 bis 5 Jahren und rechnet von der Rechtskraft des Urteils ab.

§ 2. Ist der Täter ein Jugendlicher, so beträgt die Probezeit 3 bis 5 Jahre.

**Art. 75.** § 1. Bei Aussetzung der Strafvollstreckung kann das Gericht eine Geldstrafe auch dann festsetzen, wenn deren Zumessung auf einer anderen Grundlage nicht vorgesehen ist.

§ 2. Bei der Aussetzung der Strafvollstreckung kann das Gericht dem Verurteilten folgende Auflagen machen:

1. den mit der Straftat zugefügten Schaden gänzlich oder teilweise zu ersetzen,
2. sich beim Geschädigten zu entschuldigen,
3. die Erfüllung der ihm obliegenden Unterhaltspflicht gegenüber einer anderen Person,

4. die Ausführung von bestimmten Arbeiten oder Leistungen für gesellschaftliche Zwecke,
5. die Ausübung einer Erwerbs-, Lerntätigkeit oder Vorbereitung auf einen Beruf,
6. die Unterlassung des Alkoholmißbrauchs,
7. die Unterwerfung unter ein Heilverfahren,
8. die Unterlassung des Aufenthaltes in einer bestimmten Umgebung oder an einer bestimmten Örtlichkeit,
9. andere zweckmäßige Maßnahmen während der Probezeit, sofern diese geeignet sind, die Verübung einer weiteren Straftat zu verhindern.

§ 3. Bei Aussetzung der Vollstreckung einer für das Ansichbringen von gesellschaftlichem Vermögen verhängten Strafe hat das Gericht den Ersatz des zugefügten Schadens aufzuerlegen, falls dieser nicht bereits ersetzt worden ist.

§ 4. Die in § 2 Ziff. 4 für gesellschaftliche Zwecke vorgesehene Arbeitspflicht darf 20 Stunden nicht übersteigen.

**Art. 76.** § 1. Das Gericht kann die bedingte Aussetzung der Strafvollstreckung von der Bürgschaft einer gesellschaftlichen Organisation, einer Institution oder einer vertrauenswürdigen Person abhängig machen, durch die gewährleistet wird, daß der Verurteilte die Rechtsordnung einhält und insbesondere keine weiteren Straftaten begeht.

§ 2. Bei der Aussetzung der Strafvollstreckung kann das Gericht für die Dauer der Probezeit den Verurteilten der Obhut einer bestimmten Person, Institution oder gesellschaftlichen Organisation unterstellen.

§ 3. Ist der Täter einer vorsätzlichen Straftat jugendlich, so ist die Errichtung einer Aufsicht über ihn obligatorisch.

**Art. 77.** § 1. Das Gericht bestimmt die Dauer und die Art der Erfüllung der auferlegten Verpflichtungen.

§ 2. Sprechen erzieherische Gründe dafür, so kann das Gericht während der Dauer der Probezeit die in Art. 75 Ziff. 4—9 bezeichneten Verpflichtungen auferlegen, erweitern oder ändern bzw. Befreiung von diesen Verpflichtungen gewähren sowie den Verurteilten unter Aufsicht stellen oder ihn von der Aufsicht befreien.

**Art. 78.** § 1. Das Gericht ordnet die Strafvollstreckung an, wenn der Verurteilte während der Probezeit eine der vorangegangenen ähnliche vorsätzliche Straftat begeht, für die eine rechtskräftige Verurteilung erfolgt ist, oder wenn er sich der Erfüllung der Schadenersatzpflicht in den Fällen des Art. 75 § 3 entzieht.

§ 2. Das Gericht kann die Strafvollstreckung anordnen, wenn der Verurteilte während der Probezeit gröblich die Rechtsordnung verletzt, insb. eine andere als die in § 1 bezeichnete Straftat begangen, die verhängte Geldstrafe nicht bezahlt hat oder sich der Erfüllung der ihm auferlegten Verpflichtungen oder Aufsicht entzieht.

§ 3. Das Gericht kann die Strafvollstreckung anordnen, wenn der Verurteilte nach Erlaß des Urteils jedoch noch vor seiner Rechtskraft eine Straftat begangen oder gröblich gegen die Rechtsordnung verstoßen hat.

**Art. 79.** § 1. Die Anordnung der Strafvollstreckung kann während der Probezeit und der darauffolgenden 6 Monate erfolgen.

§ 2. Die Verurteilung wird nach Ablauf von 6 Monaten seit Beendigung der Probezeit kraft Gesetzes getilgt.

§ 3. Wurde gegen den Verurteilten eine Neben- oder eine Geldstrafe verhängt, so kann die in § 2 bezeichnete Straftilgung erst nach Vollstreckung dieser Strafen erfolgen.

## KAPITEL XI

## Grundsätze der Strafvollstreckung

**Art. 80.** § 1. Die Freiheitsentziehungsstrafe wird in Strafanstalten nach dem Grundsatz der Individualisierung der Methoden und Mittel der Strafeinwirkung in der Weise vollstreckt, daß sie sich dem Verurteilten gegenüber erzieherisch auswirkt, seine richtige Einstellung zur Arbeit formt, ihn zur Beachtung der Rechtsordnung anhält und dadurch der erneuten Begehung einer Straftat durch ihn entgegenwirkt.

§ 2. Der Verurteilte ist verpflichtet zu arbeiten oder zu lernen und die Anstaltsordnung einzuhalten.

**Art. 81.** Durch besonderes Gesetz werden unterschiedliche Strafanstaltsarten mit differenziertem Strafvollzugsregime sowie der Bereich der Verschärfungen und der Erleichterungen geregelt, die den Verurteilten betreffen, insb. für den Fall, daß es sich um einen rückfälligen oder einen minderjährigen Täter handelt.

**Art. 82.** Das Gericht kann die Art der Strafanstalt, den Typ des Strafvollzugsregimes sowie Änderungen bei der Anwendung von Methoden und Mitteln der Strafeinwirkung anordnen.

**Art. 83.** § 1. Die Dauer der vorläufigen Haft wird kraft Gesetzes auf das Ausmaß der Freiheitsstrafe angerechnet.

§ 2. Auf das Ausmaß der Freiheitsbeschränkung rechnet das Gericht die Dauer der vorläufigen Haft mit der Maßgabe an, daß ein Tag Haft für zwei Tage Freiheitsbeschränkung zählt; der Zeitraum der Freiheitsbeschränkung, um den sich die noch zu verbüßende Reststrafe mindert, wird nach oben auf einen Monat abgerundet.

§ 3. Auf das Ausmaß der Geldstrafe rechnet das Gericht die Dauer der vorläufigen Haft mit der Maßgabe an, daß ein Tag Haft als einer Geldstrafe von 100 bis 300 Zloty gleichwertig behandelt wird.

**Art. 84.** § 1. Im Verlaufe der Vollstreckung einer Freiheitsbeschränkungsstrafe kann das Gericht die Änderung der Art der Erfüllung der in Art. 33 § 2 Ziff. 2 bezeichneten Verpflichtung anordnen.

§ 2. Falls sich der Verurteilte der Vollstreckung der Freiheitsbeschränkungsstrafe entzieht, setzt das Gericht eine Ersatzgeldstrafe, wobei es für einen Monat Freiheitsbeschränkung eine Geldstrafe zwischen 1000 und 3000 Zloty annimmt, oder ausnahmsweise eine Ersatzfreiheitsentziehungsstrafe fest, wobei es einen Monat Freiheitsbeschränkung für einen Monat Freiheitsentziehung rechnet und die Höhe der Ersatzstrafe die obere Grenze der für die gegebene Straftat vorgesehenen Freiheitsentziehungsstrafe nicht übersteigen darf.

§ 3. Falls der Verurteilte die nach § 2 bestimmte Geldstrafe nicht fristgemäß bezahlt und festgestellt wird, daß diese im Wege der Zwangsvollstreckung nicht beitreibbar ist, wird die Vollstreckung der Ersatzfreiheitsentziehungsstrafe gerichtlich angeordnet, wobei ein Monat Freiheitsbeschränkung einem Monat Freiheitsentziehung entspricht.

**Art. 85.** § 1. Falls der Verurteilte die Geldstrafe nicht fristgemäß bezahlt und festgestellt wird, daß diese im Wege der Zwangsvollstreckung nicht beitreibbar ist, wird die Vollstreckung der Ersatzfreiheitsentziehungsstrafe angeordnet.

§ 2. Der Verurteilte kann die Ersatzfreiheitsentziehungsstrafe jederzeit dadurch ablösen, daß er den noch restlich zu zahlenden Geldbetrag begleicht.

§ 3. Falls die Geldstrafe teilweise bezahlt wurde, verringert sich die Ersatzstrafe entsprechend dem Verhältnis des bezahlten Betrages zur Höhe der Geldstrafe.

**Art. 86.** Die Aussetzung der Strafvollstreckung findet keine Anwendung im Falle einer Ersatzfreiheitsentziehungsstrafe, es sei denn, daß das Gericht dies unter Berücksichtigung besonderer Umstände für zweckmäßig ansieht.

**Art. 87.** Das Gericht kann eine Geldstrafe in mehrere Ratenzahlungen über einen Zeitraum zerlegen, der ein Jahr und in Ausnahmefällen 3 Jahre nicht übersteigen darf.

**Art. 88.** Einem zu Freiheitsbeschränkungsstrafe Verurteilten, der mindestens die Hälfte der ihm zuerkannten Strafe verbüßt hat, wobei er die Rechtsordnung beachtet und sich durch seine Arbeitsleistung auszeichnet sowie die ihm auferlegten Verpflichtungen erfüllt hat, kann das Gericht die Reststrafe erlassen, indem es sie als verbüßt anerkennt.

**Art. 89.** Einem zu Nebenstrafen gem. Art. 38 Ziff. 1—4 Verurteilten kann das Gericht die Reststrafe erlassen, indem es sie als verbüßt anerkennt, und zwar nach Ablauf der Hälfte der Zeit, für die sie verhängt wurde, jedoch frühestens nach Ablauf eines Jahres, vorausgesetzt, daß der Verurteilte in dieser Zeit die Rechtsordnung beachtet hat.

## KAPITEL XII

## Bedingte vorzeitige Entlassung

**Art. 90.** § 1. Das Gericht kann einem zur Freiheitsentziehungsstrafe Verurteilten die Verbüßung der Reststrafe bedingt erlassen, wenn seine persönlichen Eigenschaften und Bedingungen, seine Lebensführung vor und sein Verhalten nach der Begehung der Straftat die Annahme rechtfertigen, daß der Täter nach seiner Entlassung die Rechtsordnung beachten, insbesondere keine neuen Straftaten begehen und daß auch bei unterbliebener Vollstreckung der ganzen Strafe ihr Zweck erreicht wird.

§ 2. Die bedingte Entlassung kann bei einer Ersatzfreiheitsstrafe keine Anwendung finden, es sei denn, daß dies durch besondere Umstände gerechtfertigt wird.

**Art. 91.** § 1. Die bedingte vorzeitige Entlassung kann erst nach erfolgter Verbüßung von mindestens zwei Dritteln der Strafe durch den Verurteilten erfolgen, und, soweit es sich um einen Jugendlichen handelt, von mindestens der Hälfte der Strafe — jedoch nicht vor Ablauf von 6 Monaten.

§ 2. Ist der Verurteilte mehrmals unter den in Art. 60 §§ 2 bzw. 3 bezeichneten Voraussetzungen rückfällig geworden, so entfällt die Möglichkeit der bedingten vorzeitigen Entlassung, es sei denn, daß besondere Umstände sie rechtfertigen, jedoch darf in einem solchen Falle die bedingte vorzeitige Entlassung erst nach erfolgter Verbüßung von mindestens drei Vierteln der Strafe des Verurteilten erfolgen.

§ 3. Die Bestimmung des § 1 findet sinngemäß Anwendung auf die Summe zweier bzw. mehrerer nicht zusammengezogener Freiheitsentziehungsstrafen, die der Verurteilte aneinander anschließend zu verbüßen hat; die Bestimmung des § 2 findet Anwendung, wenn mindestens eine der Straftaten unter den in dieser Bestimmung bezeichneten Voraussetzungen begangen worden ist.

**Art. 92.** Unabhängig von den in Art. 91 genannten Voraussetzungen kann jeder Verurteilte nach Verbüßung von 15 Jahren Freiheitsentziehung bedingt entlassen werden.

**Art. 93.** § 1. Bei einer bedingten Entlassung bildet die bis zur vollen Strafverbüßung verbleibende Zeit die Probefrist, die jedoch nicht kürzer als ein Jahr und nicht länger als 5 Jahre sein darf; ist der Verurteilte ein Jugendlicher, so endet diese Frist nicht vor Vollendung seines 21. Lebensjahres.

§ 2. Erfolgt die bedingte Entlassung eines unter den Voraussetzungen des Art. 60 §§ 2 bzw. 3 mehrfach zu Straftaten rückfällig gewordenen Verurteilten, so beträgt die Probezeit mindestens 3 Jahre.

**Art. 94.** Die Bestimmungen der Art. 75 § 2 und 3, Art. 76 und 77 über die Bürgschaft, die Auferlegung von Verpflichtungen gegenüber dem Verurteilten und seine Unterstellung der Obhut einer bestimmten Person, Institution oder gesellschaftlichen Organisation finden bei der bedingten Entlassung sinngemäße Anwendung.

**Art. 95.** § 1. Das Gericht hat die bedingte Entlassung zu widerrufen, sobald der Entlassene während der Dauer der Probezeit eine ähnliche vorsätzliche Straftat wie diejenige begeht, für die die Freiheitsentziehungsstrafe rechtskräftig verhängt worden ist.

§ 2. Das Gericht kann die bedingte Entlassung widerrufen, sobald der Entlassene während der Dauer der Probezeit gröblich gegen die Rechtsordnung verstößt, insb. auch dann, wenn er eine andere als die in § 1 bezeichnete Straftat begeht oder sich der Erfüllung der ihm auferlegten Pflichten oder Obhut entzieht.

**Art. 96.** Bei Widerruf der bedingten Entlassung ist die in der Freiheit verbrachte Zeit auf das Ausmaß der Strafe nicht anzurechnen; ferner darf keine erneute bedingte Entlassung des Verurteilten für die Dauer des Restes der Freiheitsentziehungsstrafe, hinsichtlich welcher der Widerruf erfolgt ist, mehr erfolgen.

**Art. 97.** Erfolgte weder während der Probezeit noch der darauffolgenden 6 Monaten ein Widerruf der bedingten Entlassung, so gilt die Strafe als im Zeitpunkt der bedingten Entlassung verbüßt.

**Art. 98.** § 1. Erfolgte die bedingte Entlassung einer der in Art. 60 bezeichneten Personen, so unterbleibt die Vollstreckung der gegen sie verhängten Schutzaufsicht, jedoch muß ihre Unterstellung unter Obhut zwingend erfolgen.

§ 2. Erfolgte kein Widerruf der bedingten Entlassung, so tritt die Entscheidung über die Schutzaufsicht außer Kraft.

## KAPITEL XIII

## Sicherungsmittel

**Art. 99.** Ist festgestellt, daß der Täter eine verbotene Tat im Zustand der Unzurechnungsfähigkeit gem. Art. 25 § 1 begangen hat und daß seine Belassung in Freiheit eine ernste Gefährdung der Rechtsordnung darstellt, so hat das Gericht die Unterbringung des Täters in einer Nervenheil- oder einer sonstigen entsprechenden Anstalt anzuordnen.

**Art. 100.** § 1. Erfolgte die Verurteilung für eine Straftat, die im Zustand der Unzurechnungsfähigkeit gem. Art. 25 § 2 begangen wurde, und bildet die Belassung des Täters in Freiheit eine ernste Gefährdung der Rechtsordnung, so kann das Gericht seine Unterbringung in einer Nervenheil- oder einer sonstigen entsprechenden Anstalt anordnen.

§ 2. Im Falle der Verurteilung zu einer Freiheitsentziehungs- oder Freiheitsbeschränkungsstrafe findet der Strafvollzug nach erfolgter Anstaltsentlassung des Täters statt; einen zu Freiheitsentziehung Verurteilten kann das Gericht gem. den in den Art. 90—98 bezeichneten Grundsätzen bedingt entlassen, wobei die Entlassung jederzeit ohne die sich aus Art. 91 § 1 ergebenden Beschränkungen erfolgen kann, jedoch muß die Unterstellung unter Obhut zwingend erfolgen.

§ 3. Vor der Anstaltsentlassung entscheidet das Gericht darüber, ob die verhängte Freiheitsentziehungsstrafe zu vollstrecken ist.

**Art. 101.** In den Fällen der Art. 99 und 100 wird die Dauer des Anstaltsaufenthaltes nicht im voraus bestimmt; das Gericht ordnet die Entlassung des Täters an, sobald die Belassung desselben in der Anstalt nicht mehr erforderlich ist.

**Art. 102.** § 1. Erfolgte die Verurteilung für eine Straftat, die im Zusammenhang mit dem süchtigen Genuß von Alkohol oder von anderen Narkotika begangen wurde, so kann die Unterbringung des Täters in einer Entziehungs-Heilanstalt vor Beginn der Strafverbüßung gerichtlich angeordnet werden.

§ 2. Die Dauer des Anstaltsaufenthaltes wird nicht im voraus bestimmt, sie darf aber nicht kürzer als 6 Monate und nicht länger als 2 Jahre sein; über die Anstaltsentlassung entscheidet das Gericht auf Grund der Heilergebnisse.

§ 3. Die Vorschrift des Art. 100 § 3 findet sinngemäße Anwendung.

**Art. 103.** § 1. Ist festgestellt, daß der Täter die verbotene Tat im Zustande der Unzurechnungsfähigkeit gem. Art. 25 § 1 begangen hat, so kann das Gericht die in Art. 41—43 und 48 vorgesehene Aberkennung von Rechten, ein Verbot oder einen Verfall als Sicherungsmaßregel aussprechen.

§ 2. Eine Aberkennung von Rechten oder ein Verbot wird unbefristet verhängt; das Gericht entscheidet über die Wiederherstellung von Rechten bzw. über eine Aufhebung des Verbotes, sobald die Gründe für die Anordnung dieser Maßregel entfallen.

**Ar. 104.** Falls die gesellschaftliche Gefährlichkeit der Tat gering ist oder falls eine bedingte Einstellung des Verfahrens oder die Feststellung erfolgt, daß dem Täter ein strafausschließender Umstand zusteht sowie in anderen gesetzlich geregelten Fällen, kann das Gericht den in Art. 48 vorgesehenen Verfall als Sicherungsmaßregel anordnen.

## KAPITEL XIV

## Verjährung

**Art. 105.** § 1. Die Strafbarkeit einer Straftat endet, sobald seit ihrer Begehung vergangen sind:

1. 20 Jahre — wenn die Tat ein Verbrechen ist;
2. 10 Jahre — wenn die Tat ein Vergehen ist, das mit Freiheitsentziehungsstrafe über 5 Jahren bedroht ist;
3. 5 Jahre — bei allen übrigen Vergehen.

§ 2. Die Strafbarkeit einer auf Privatklage verfolgten Straftat endet nach Ablauf von 3 Monaten seit dem Zeitpunkt, in dem der Geschädigte Kenntnis von der Person des Täters erlangt, spätestens jedoch nach Ablauf von 5 Jahren seit der Begehung.

§ 3. In den Fällen der §§ 1 und 2 bestimmt sich der Zeitpunkt der Begehung einer Straftat nach dem Eintritt ihrer Folgen, soweit die Begehung vom Eintritt einer gesetzlich vorgesehenen Folge abhängig ist.

**Art. 106.** Erfolgte während des in Art. 105 vorgesehenen Zeitraums die Eröffnung des Verfahrens, so endet die Strafbarkeit der Straftat nach Ablauf von 5 Jahren seit dem Ende dieses Zeitraums.

**Art. 107.** Die Vollstreckung der Strafe ist unzulässig, sobald seit der Rechtskraft des Urteils vergangen sind:

1. 25 Jahre — bei Verurteilung zu einer Freiheitsentziehungsstrafe von mehr als 5 Jahren oder zu einer schwereren Strafe;
2. 15 Jahre — bei Verurteilung zu einer Freiheitsentziehungsstrafe bis zu 5 Jahren;
3. 10 Jahre — bei Verurteilung zu einer anderen Strafe.

**Art. 108.** Die Verjährung ruht, wenn eine gesetzliche Vorschrift die Eröffnung oder die Fortführung eines Strafverfahrens verhindert; dies gilt nicht für den Fall des Fehlens eines Privatantrages bzw. einer Privatklage.

**Art. 109.** Auf Kriegsverbrechen und Verbrechen gegen die Menschlichkeit finden die Verjährungsvorschriften keine Anwendung[15].

---

[15] Die „Hemmung von Verjährungsfristen gegenüber Tätern der während des zweiten Weltkrieges begangenen schwersten Kriegsverbrechen" erfolgte durch Gesetz v. 22. 4. 1964 (DzU 1964 Nr. 15, Pos. 86); dt. Übers. mit Einleitung: WGO 1964, S. 164.

## KAPITEL XV

## Tilgung der Verurteilung

**Art. 110.** Mit der erfolgten Tilgung der Verurteilung gilt diese als nicht erfolgt; die Eintragung der Verurteilung wird im Strafregister[16] gelöscht.

**Art. 111.** § 1. Die Tilgung der Verurteilung erfolgt kraft Gesetzes nach Ablauf von 10 Jahren seit der Vollstreckung oder seit dem Erlaß der Freiheitsentziehungsstrafe bzw. seit Verjährung der Vollstreckbarkeit der Strafe[17].

§ 2. Auf Antrag des Verurteilten kann gerichtlich die Tilgung der Verurteilung bereits nach Ablauf von 5 Jahren angeordnet werden, falls der Verurteilte in dieser Zeit die Rechtsordnung beachtet hat und die zugemessene Strafe 2 Jahre nicht übersteigt.

§ 3. Bei einer Verurteilung zu einer Freiheitsbeschränkungsstrafe, zu einer Geldstrafe bzw. zu einer Nebenstrafe im Sinne von Art. 55 oder 56 erfolgt die Tilgung der Verurteilung kraft Gesetzes nach Ablauf von 5 Jahren seit der Vollstreckung oder seit dem Erlaß der Strafe bzw. seit der Verjährung ihrer Vollstreckbarkeit.

§ 4. Im Falle der Verhängung einer der in Art. 38 Ziff. 1—4 bezeichneten Nebenstrafen bzw. der erfolgten Unterbringung in einem gesellschaftlichen Anpassungszentrum beginnt der für die Tilgung der Verurteilung erforderliche Zeitraum mit der Vollstreckung, dem Erlaß der Vollstreckung oder der Verjährung der Vollstreckbarkeit sowohl der Haupt- als auch der Nebenstrafe bzw. mit der Entlassung aus dem Zentrum.

**Art. 112.** Erfolgte die Verurteilung des Täters für zwei oder für mehrere Straftaten unter Voraussetzungen, die keine Gesamtstrafenbildung gestatteten, sowie in dem Falle, daß der Verurteilte nach Beginn jedoch noch vor Beendigung des Zeitraums, der zur Tilgung der Verurteilung notwendig ist, eine erneute Straftat begangen hat, für die gegen ihn eine Freiheitsentziehungsstrafe verhängt wurde, dann ist nur die gleichzeitige Tilgung aller Verurteilungen statthaft.

## KAPITEL XVI

## Verantwortlichkeit für im Ausland begangene Straftaten

**Art. 113.** Das polnische Gesetz findet auf polnische Bürger Anwendung, die eine Straftat im Ausland begehen.

---

[16] Das Zentrale Strafregister befindet sich beim Justizministerium (VO MdJ v. 10. 9. 1952 in d. F. der VO v. 24. 7. 1961 — DzU 1961 Nr. 36, Pos. 186). Die Zuständigkeitsregelung erfolgte neuerdings durch Art. 36 Strafvollzugskodex v. 19. 4. 1969 (DzU 1969 Nr. 13, Pos. 98).

[17] Art. 105 ff. StK.

**Art. 114.** § 1. Das polnische Gesetz findet auf Ausländer Anwendung, die eine Straftat im Ausland begehen, jedoch setzt deren Verantwortlichkeit voraus, daß sich die von ihnen begangene Tat auch nach dem am Tatort geltenden Gesetz als eine Straftat qualifiziert.

§ 2. Besteht ein Unterschied zwischen diesen Gesetzen, so kann bei der Anwendung des polnischen Gesetzes dieser Unterschied zugunsten des Täters Berücksichtigung finden.

**Art. 115.** Unabhängig von den am Tatort geltenden Vorschriften findet das polnische Strafgesetz Ausländern gegenüber Anwendung, soweit diese begehen:

1. Straftaten gegen wesentliche politische und wirtschaftliche Interessen der Polnischen Volksrepublik;
2. Straftaten, die auf Grund internationaler Verträge verfolgt werden.

**Art. 116.** Bildet eine im Ausland begangene Tat am Tatort selbst keine Straftat, so erfolgt ihre Verfolgung, sofern sie vom Generalprokurator der Polnischen Volksrepublik angeordnet wird.

**Art. 117.** Erfolgt in der Polnischen Volksrepublik die Verurteilung einer Person, die für die gleiche Straftat bereits im Ausland bestraft wurde, so hat das Gericht die im Ausland vollstreckte Strafe ganz oder teilweise auf das Strafmaß anzurechnen, wobei der zwischen beiden Strafen bestehende Unterschied zu berücksichtigen ist.

**Art. 118.** Ein polnischer Bürger darf an keinen fremden Staat ausgeliefert werden.

**Art. 119.** Ein Ausländer darf an einen fremden Staat nicht ausgeliefert werden, sofern ihm das Asylrecht zusteht[18].

## KAPITEL XVII

## Definition gesetzlicher Begriffe

**Art. 120.** § 1. Unter einer *verbotenen Tat* ist jede Handlung oder Unterlassung zu verstehen, die einen im Strafgesetz vorgesehenen Tatbestand erfüllt, selbst wenn dieser mangels Schuld keine Straftat bildet.

§ 2. Unter *ähnlichen Straftaten* sind Straftaten zu verstehen, die gegen das gleiche oder ein gleichartiges Rechtsgut gerichtet sind, sowie solche, die aus gleichen Beweggründen begangen wurden; in der Absicht der Erlangung von Vermögensvorteilen begangene Straftaten gelten als ähnlich.

---

[18] Vgl. *Lipowschek, A.*, Auslieferung und Rechtshilfe in Ost- und Südosteuropa, WGO 1967, S. 22—70. Das Auslieferungsverfahren ist neuerdings geregelt durch Art. 532—538 Strafprozeßkodex v. 19. 4. 1969 (DzU 1969 Nr. 13, Pos. 96).

§ 3. Ein *Vermögensvorteil* umfaßt sowohl den für sich als auch den für einen Dritten erlangten Vorteil.

§ 4. Unter einem *Jugendlichen* ist ein Täter zu verstehen, der im Zeitpunkt seiner Aburteilung das 21. Lebensjahr[19] noch nicht vollendet hat.

§ 5. *Allernächster* ist der Ehegatte, Aszendent, Deszendent, ein in der gleichen Linie bzw. im gleichen Grade Verschwägerter, eine im Adoptionsverhältnis stehende Person und deren Ehegatte sowie eine Person, die faktisch in Lebensgemeinschaft steht.

§ 6. *Gesellschaftliches Vermögen*[20] bildet das gesamtnationale sozialistische, das genossenschaftliche sowie das Vermögen einer anderen Organisation des werktätigen Volkes.

§ 7. *Fremdes Vermögen*[20a] bildet sowohl das fremde persönliche als auch individuelle Vermögen; wurde derartiges Vermögen einer staatlichen oder gesellschaftlichen Institution zwecks Verwahrung,

---

[19] Die zivilrechtliche Volljährigkeit wird mit Vollendung des 18. Lebensjahres erreicht gem. Art. 10 Zivilkodex v. 23. 4. 1964 (DzU 1964 Nr. 16, Pos. 93). Die Ehemündigkeit hingegen tritt beim Manne mit Vollendung des 21., bei Frauen mit Vollendung des 18. Lebensjahres gem. Art. 10 § 1 Familien- und Vormundschaftskodex v. 25. 2. 1964 ein (DzU 1964 Nr. 9, Pos. 59).

[20] Art. 44 Zivilkodex v. 23. 4. 1964 (DzU 1964 Nr. 16, Pos. 93) bestimmt: „Eigentum und andere Vermögensrechte bilden entweder gesamtnationales (staatliches) Vermögen, oder Vermögen genossenschaftlicher Organisationen bzw. anderer gesellschaftlicher Organisationen des werktätigen Volkes, oder individuelles Vermögen natürlicher Personen bzw. juristischer Personen, die keine Einheiten der vergesellschafteten Wirtschaft sind, oder persönliches Vermögen natürlicher Personen."

[20a] Der Begriff des persönlichen und der des individuellen Vermögens wird legaliter nicht definiert. Er läßt sich jedoch vom entsprechenden Eigentumsbegriff ableiten, den er umfaßt (vgl. Fn. 20). Nach Art. 132 ZK besteht ein *persönliches Eigentum* an Sachen, die zur Befriedigung der persönlichen, materiellen und kulturellen Bedürfnisse des Eigentümers und seiner Angehörigen bestimmt sind. Dazu gehören insb. auch geringfügige Produktionsmittel, die zur Herstellung von persönlichen Gebrauchsgegenständen dienen (Art. 132 § 2 ZK), ferner auch: das Einfamilienhaus, die Eigentumswohnung nebst den dazugehörigen Wirtschaftsgebäuden, der Hausrat, das Wirtschaftsinventar, Kraftfahrzeuge usw. (Art. 133 § 1 ZK). Vor allen Dingen rechnet hierzu auch das persönliche Eigentum an einer Hofstelle in dem Umfange, den die Satzung der Landwirtschaftlichen Produktionsgenossenschaft vorsieht (Art. 133 § 2 ZK). Demgegenüber ist *individuelles Eigentum* statthaft im Rahmen gesetzlicher Vorschriften an Grundstücken, Gebäuden und anderen Produktionsmitteln, soweit diese nicht dem ausschließlichen gesellschaftlichen Eigentum unterworfen sind (Art. 130 ZK); diese Eigentumsform ist demnach in erster Linie den Kleingewerbetreibenden, Handwerkern und Einzelbauern vorbehalten.

Transport, Verkauf, Verarbeitung oder zu ähnlichen Zwecken anvertraut, so genießt es den gleichen Schutz wie das gesellschaftliche Vermögen.

§ 8. Unter einer *Vermögenserraffung* ist zu verstehen jede Verschaffung von Vermögensvorteilen für sich oder einen Dritten im Wege des Diebstahls, der Unterschlagung oder des Betrugs bzw. einer anderen Form der Erschleichung; erfolgt die Vermögenserraffung durch zwei oder mehrere zusammenwirkende Täter, so hat das Gericht als Grundlage für die rechtliche Qualifikation der Tat den Gesamtwert des errafften Vermögens anzunehmen.

§ 9. Als *Vermögen von bedeutendem Wert* gilt ein Vermögen im Werte von über 100 000 Zloty, während als *Vermögen von hohem Wert* ein solches im Werte von über 200 000 Zloty zu verstehen ist.

§ 10. Eine *rechtswidrige Nötigung* bildet sowohl die in Art. 196 bezeichnete Nötigung als auch die Androhung der Einleitung eines Strafverfahrens oder der Veröffentlichung einer Nachricht, die für den Bedrohten oder seine Nächsten ehrenrührig ist; keine Nötigung bildet die Ankündigung der Einleitung eines Strafverfahrens, wenn diese lediglich den Schutz des durch die Straftat verletzten Rechtes bezweckt.

§ 11. Als *öffentlicher Funktionär* gilt:

— jeder Bedienstete der staatlichen Verwaltung, es sei denn, daß er lediglich bedienende Tätigkeiten ausführt;

— jeder Richter, Volksschöffe, Staatsanwalt;

— jede Person, die in einer anderen staatlichen Organisationseinheit, genossenschaftlichen oder gesellschaftlichen Organisation des werktätigen Volkes eine leitende Stellung einnimmt oder mit besonderer Verantwortung verbundene Funktionen ausübt;

— jede Person, die den aktiven Wehrdienst erfüllt;

— jede andere Person, die kraft besonderer Vorschrift den für öffentliche Funktionäre vorgesehenen Rechtsschutz genießt.

Als öffentlicher Funktionär im Sinne dieses Kodex ist auch der Sejmabgeordnete[21] und der Ratsherr[22] anzusehen.

§ 12. Als eine *staatliche oder gesellschaftliche Institution* gilt auch ein Unternehmen, an dem der Staat, eine Genossenschaft, ein Genossenschaftsverband, eine Gewerkschaft, eine sonstige gesellschaftliche Organisation des werktätigen Volkes bzw. eine militärische Einheit als Gesellschafter beteiligt ist.

---

[21] Der Sejm bildet das höchste Organ der Staatsgewalt (Art. 15 ff. Verfassung der PVR v. 22. 7. 1952 — DzU 1952 Nr. 33, Pos. 232 mit späteren Änderungen).

[22] Abgeordnete zu den Nationalräten, d. h. den territorialen Organen der Staatsgewalt (Art. 34 ff. Verfassung der PVR — vgl. Fußn. 21).

§ 13. Eine *Urkunde* bildet jeder Gegenstand, mit dem ein bestimmtes Recht verbunden ist oder dem mit Rücksicht auf seinen Inhalt ein Beweiswert für ein Recht, ein Rechtsverhältnis oder für Umstände zukommt, die rechtlich relevant sein könnten.

§ 14. *Hooliganischer Natur*[23] sind Vergehen, die sich in einem vorsätzlichen Angriff auf die öffentliche Sicherheit, auf die Gesundheit, Freiheit, persönliche Würde bzw. die Integrität des Menschen, auf ein Organ der Staatsgewalt oder der Staatsverwaltung bzw. auf die Tätigkeit einer staatlichen oder gesellschaftlichen Institution, auf die öffentliche Ordnung oder in einer vorsätzlichen Vernichtung oder Beschädigung von Vermögenswerten äußern, sofern der Täter öffentlich und nach allgemeiner Ansicht grundlos oder aus einem nichtigen Anlaß gehandelt und dadurch seine grobe Mißachtung der Hauptgrundsätze der Rechtsordnung bekundet hat.

§ 15. Ein *Staatsgeheimnis* bildet jede Nachricht, deren Aufdeckung gegenüber Unbefugten die Sicherheit oder ein sonstiges wichtiges politisches oder wirtschaftliches Interesse der Polnischen Volksrepublik zu gefährden geeignet ist.

§ 16. Ein *Dienstgeheimnis* bildet jede Nachricht, die zur Kenntnis eines Bediensteten in Verbindung mit seiner Tätigkeit in einer staatlichen oder gesellschaftlichen Institution gelangt ist und deren Aufdeckung gegenüber Unbefugten ein begründetes gesellschaftliches Interesse zu gefährden geeignet ist.

## KAPITEL XVIII

## Verhältnis gegenüber Spezialgesetzen

**Art. 121.** Die Bestimmungen des allgemeinen Teils dieses Kodex finden auf Straftaten Anwendung, die in anderen Gesetzen geregelt sind, falls diese Gesetze keine abweichenden Bestimmungen enthalten.

---

[23] Vgl. Fußn. 13.

BESONDERER TEIL

KAPITEL XIX

## Straftaten gegen politische und wirtschaftliche Grundinteressen der Polnischen Volksrepublik

**Art. 122.** Ein polnischer Bürger, der sich an Aktionen eines ausländischen Staates oder einer ausländischen Organisation beteiligt, die die Beseitigung der Unabhängigkeit, die Abtrennung eines Gebietsteils, den gewaltsamen Umsturz der Verfassung oder die Schwächung der Verteidigungsmacht der Polnischen Volksrepublik bezwecken, oder der für eine fremde Spionageorganisation handelnd die Sicherheit und Verteidigungsfähigkeit der Polnischen Volksrepublik gefährdet,

begeht Vaterlandsverrat und wird mit Freiheitsentziehung von mindestens 10 Jahren oder mit der Todesstrafe bestraft.

**Art. 123.** Wer in der Absicht, die Unabhängigkeit zu beseitigen, einen Gebietsteil abzutrennen, die Verfassung gewaltsam umzustürzen oder die Verteidigungsmacht der Polnischen Volksrepublik zu schwächen, in Verbindung mit anderen Personen Aktionen unternimmt, die die Erreichung dieses Zieles bezwecken,

wird mit Freiheitsentziehung von mindestens 5 Jahren oder mit dem Tode bestraft.

**Art. 124.** § 1. Wer einem fremden Nachrichtendienst angehört oder einem solchen Informationen erteilt,

wird mit Freiheitsentziehung von mindestens 5 Jahren oder mit dem Tode bestraft, hat jedoch der Täter diese Aktion organisiert oder geleitet — darf die Freiheitsenziehungsstrafe nicht weniger als 8 Jahre betragen.

§ 2. Wer Nachrichten in der Absicht sammelt oder verwahrt, um sie einem fremden Nachrichtendienst zu übermitteln, oder eine Aktion zugunsten eines fremden Nachrichtendienstes übernimmt,

wird mit Freiheitsentziehung von mindestens 5 Jahren oder mit 25jähriger Freiheitsentziehung bestraft.

§ 3. Straflos bleibt, wer eine in § 2 bezeichnete Straftat begangen, jedoch jede weitere Aktivität eingestellt und das zuständige Strafvollstreckungsorgan über alle wesentlichen Umstände der begangenen Tat informiert hat.

**Art. 125.** Ist der Täter der in den Art. 122, 123 und 124 bezeichneten Straftaten von der Fortführung seiner weiteren Aktivität freiwillig zurückgetreten und hat er dem zuständigen Strafverfolgungsorgan die wesentlichen Umstände der begangenen Tat offenbart, so hat das Gericht anstelle der in diesen Bestimmungen vorgesehenen Strafe eine Freiheitsentziehungsstrafe von einem Jahr bis zu 10 Jahren zu verhängen.

**Art. 126.** § 1. Wer zu einem gegen die Polnische Volksrepublik gerichteten feindseiligen Zweck einen Anschlag auf das Leben eines öffentlichen Funktionärs oder eines politischen Aktivisten unternimmt,

wird mit Freiheitsentziehung von mindestens 10 Jahren oder mit dem Tode bestraft.

§ 2. Wer zu dem gleichen Zweck einen Anschlag auf die Gesundheit einer in § 1 bezeichneten Person unternimmt oder sie der Freiheit beraubt,

wird mit Freiheitsentziehung von mindestens 3 Jahren bestraft.

**Art. 127.** Wer zum Zwecke der Schwächung der Volksmacht, der Auslösung von Unruhen oder von Gefühlen der allgemeinen Unzufriedenheit bzw. der ernsthaften Störungen der Funktionsfähigkeit der Nationalwirtschaft:

1. Anstalten bzw. Einrichtungen oder anderes Vermögen von wichtiger Bedeutung für die Polnische Volksrepublik zerstört, beschädigt oder unbrauchbar macht;
2. die ordnungsmäßige Funktionsfähigkeit von Anstalten, Einrichtungen oder Institutionen von wichtiger Bedeutung für die Polnische Volksrepublik verhindert oder erschwert,

wird mit Freiheitsentziehung von mindestens 5 Jahren oder mit dem Tode bestraft.

**Art. 128.** § 1. Wer die Begehung der in den Art. 122, 123, 124 § 1 bzw. 2, Art. 126 § 1 oder Art. 127 bezeichneten Verbrechen vorbereitet,

wird mit Freiheitsentziehung von einem Jahr bis zu 10 Jahren bestraft.

§ 2. Straflos bleibt, wer freiwillig von der Vorbereitung zurücktritt und das zuständige Strafverfolgungsorgan über sämtliche wesentlichen Umstände der begangenen Tat informiert.

§ 3. Im Falle des Versuchs eines in den Art. 122, 123, 124 §§ 1 bzw. 2, Art. 126 § 1 oder in Art. 127 bezeichneten Verbrechens finden die Bestimmungen des Art. 13 nur dann Anwendung, wenn der Täter darüber hinaus das Strafverfolgungsorgan über alle wesentlichen Umstände der begangenen Tat informiert hat.

**Art. 129.** Die Bestimmungen der Art. 123—128 finden sinngemäße Anwendung, wenn die Tat zum Nachteil eines verbündeten Staates begangen wurde.

**Art. 130.** § 1. Wer als Vertretungsbevollmächtigter einer polnischen Staats- oder Gesellschaftsinstitution im Verkehr mit der Regierung eines ausländischen Staates, mit einer ausländischen Organisation oder einem ausländischen Unternehmen politische oder wirtschaftliche Interessen der Polnischen Volksrepublik schädigt,

wird mit Freiheitsentziehung von mindestens 3 Jahren oder mit 25jähriger Freiheitsentziehung bestraft.

§ 2. Wer mit besonderer Verantwortung verbundene Funktionen erfüllt und während eines Auslandsaufenthaltes die in § 1 bezeichneten Interessen gefährdet,

wird mit Freiheitsentziehung von mindestens 3 Jahren bestraft.

**Art. 131.** § 1. Wer ein polnisches Staatsorgan in die Irre führt, indem er ihm falsche Nachrichten mitteilt oder nachgemachte bzw. gefälschte Urkunden oder andere für die Sicherheit der Polnischen Volksrepublik bedeutungsvolle Gegenstände liefert,

wird mit Freiheitsentziehung von mindestens 5 Jahren oder mit 25jähriger Freiheitsentziehung bestraft.

§ 2. Ebenso wird bestraft, wer einem polnischen Staatsorgan Dienstleistungen erbringend dieses irreführt, indem er einen Umstand seiner Aktivität gegenüber der Regierung eines fremden Staates verheimlicht, der für die Sicherheit der Polnischen Volksrepublik bedeutungsvoll ist.

**Art. 132.** Ein polnischer Staatsbürger, der sich mit einer Person in Verbindung setzt, die zugunsten einer fremden Organisation tätig ist, um zum Nachteil politischer Interessen der Polnischen Volksrepublik tätig zu werden,

wird mit Freiheitsentziehung von 6 Monaten bis 5 Jahren bestraft.

**Art. 133.** Wer öffentlich zu Handlungen gegen die Bündnistreue der Polnischen Volksrepublik gegenüber einem verbündeten Staat aufruft oder derartige Handlungen öffentlich gutheißt,

wird mit Freiheitsentziehung von einem Jahr bis zu 10 Jahren bestraft.

**Art. 134.** § 1. Wer, unter Ausnutzung der Aktivität einer Einheit der vergesellschafteten Wirtschaft, sich im Benehmen mit anderen Personen erhebliche Vermögenswerte zum Nachteil einer solchen Einheit von Erwerbern oder von Lieferanten aneignet und die Funktionsfähigkeit der Nationalwirtschaft dadurch ernsthaft stört,

wird mit Freiheitsentziehung von mindestens 8 Jahren oder mit 25jähriger Freiheitsentziehung bestraft.

§ 2. Einem Täter, der die in § 1 bezeichnete strafbare Tätigkeit organisiert oder geleitet hat, kann das Gericht die Todesstrafe zumessen.

**Art. 135.** § 1. Wer im Benehmen mit anderen Personen ohne die erforderliche Genehmigung oder deren Bedingungen zuwider Devisenwerte in großen Mengen erwirbt, veräußert oder ins Ausland ausführt und dadurch die Wirtschaftsinteressen der Polnischen Volksrepublik hohem Schaden aussetzt,

wird mit Freiheitsentziehung von mindestens 8 Jahren oder mit 25jähriger Freiheitsentziehung bestraft.

§ 2. Ebenso wird bestraft, wer im Benehmen mit anderen Personen, unter Entziehung der Zollpflicht oder Irreführung eines Staatsorganes oder Unterdrückung des wirklichen Sachverhaltes, für Handelsgeschäfte bestimmte Waren in großem Umfange aus dem Ausland ins polnische Zollgebiet einführt oder aus diesem in das Ausland ausführt und dadurch die wirtschaftlichen Interessen der Polnischen Volksrepublik der Gefahr eines hohen Schadens aussetzt.

§ 3. Im Falle der Verurteilung für eine in § 1 oder 2 genannte Straftat hat das Gericht den Verfall der im Eigentum des Täters stehenden Gegenstände der Straftat anzuordnen, und falls sie kein Eigentum des Täters bilden, kann ihr Verfall gerichtlich angeordnet werden.

## KAPITEL XX

## Straftaten gegen die öffentliche Sicherheit sowie die Sicherheit im Verkehr zu Lande, zu Wasser und in der Luft

**Art. 136.** § 1. Wer ein Ereignis herbeiführt, das das menschliche Leben oder die menschliche Gesundheit oder Vermögen in bedeutendem Umfange gefährdet, in Gestalt:

1. einer Verkehrskatastrophe zu Lande, zu Wasser oder in der Luft,
2. eines Gebäudeeinsturzes, einer Überschwemmung oder eines Abrutsches von Erde, Felsen oder Schnee,
3. einer Explosion von Sprengstoffen oder leicht entzündlichen Stoffen bzw. einer andersartigen gewaltsamen Energiefreigabe, Verbreitung von giftigen, erstickenden bzw. ätzenden Substanzen oder einer radioaktiven Strahlung,

wird mit Freiheitsentziehung von mindestens 3 Jahren bestraft.

§ 2. Handelte der Täter fahrlässig,

wird er mit Freiheitsentziehung von einem Jahr bis zu 8 Jahren bestraft.

**Art. 137.** § 1. Wer die unmittelbare Gefahr eines in Art. 136 § 1 bezeichneten Ereignisses herbeiführt,

wird mit Freiheitsentziehung von 6 Monaten bis zu 8 Jahren bestraft.

§ 2. Handelte der Täter fahrlässig,

wird er mit Freiheitsentziehung bis zu 3 Jahren bestraft.

**Art. 138.** § 1. Wer eine Feuersbrunst herbeiführt, die das menschliche Leben oder die menschliche Gesundheit oder Vermögen in bedeutendem Umfang gefährdet,

wird mit Freiheitsentziehung von mindestens 3 Jahren bestraft.

§ 2. Handelte der Täter fahrlässig,

wird er mit Freiheitsentziehung von einem Jahr bis zu 8 Jahren bestraft.

**Art. 139.** § 1. Wer, insbesondere durch grobe Verletzung von Feuerschutzbestimmungen, die unmittelbare Gefahr einer in Art. 138 § 1 bezeichneten Feuersbrunst herbeiführt,

wird mit Freiheitsentziehung von 6 Monaten bis zu 8 Jahren bestraft.

§ 2. Handelt der Täter fahrlässig,

wird er mit Freiheitsentziehung bis zu 3 Jahren bestraft.

**Art. 140.** § 1. Wer eine allgemeine Gefahr für das menschliche Leben oder die menschliche Gesundheit oder für Vermögen von bedeutendem Wert herbeiführt, indem er:

1. eine epidemische Bedrohung oder die Ausweitung einer ansteckenden Krankheit oder einer tierischen oder pflanzlichen Ansteckung verursacht;
2. eine Verschmutzung von Wasser, Luft oder Boden verursacht;
3. gesundheitsschädliche Konsummittel oder sonstige Artikel des allgemeinen Bedarfs oder den verbindlichen Qualitätsbedingungen nicht entsprechende pharmazeutische Mittel herstellt oder in den Verkehr bringt;
4. die Beschädigung oder Außerbetriebsetzung von gemeinnützigen Einrichtungen bewirkt, insbesondere von Einrichtungen zur Versorgung mit Wasser, Licht, Wärme, Gas oder Energie bzw. von Schutzeinrichtungen in Bergwerken oder Industriebetrieben;
5. in anderer Weise unter besonders gefährlichen Umständen handelt,

wird mit Freiheitsentziehung von 2 bis zu 10 Jahren bestraft.

§ 2. Handelt der Täter fahrlässig,

wird er mit Freiheitsentziehung von 6 Monaten bis zu 5 Jahren bestraft.

**Art. 141.** In den Fällen der Art. 136—140 kann das Gericht außerordentliche Strafmilderung zur Anwendung bringen oder von einer Strafzumessung absehen, falls der Täter durch eigene Handlungsweise die drohende Gefahr ganz oder teilweise abgewendet hat.

**Art. 142.** Wer Vorbereitungshandlungen für eine in Art. 136 § 1, in Art. 137 § 1, in Art. 138 § 1, in Art. 139 § 1 oder in Art. 140 § 1 bezeichnete Straftat ausführt,

wird mit Freiheitsentziehung von 6 Monaten bis zu 5 Jahren bestraft.

**Art. 143.** Wer ohne die erforderliche Genehmigung Explosivstoffe bzw. -geräte oder andere Gegenstände herstellt, sammelt oder verwahrt, die eine allgemeine Gefahr für das menschliche Leben oder die menschliche Gesundheit oder für Vermögen in bedeutendem Umfange herbeizuführen geeignet sind,

wird mit Freiheitsentziehung von 6 Monaten bis zu 5 Jahren bestraft.

**Art. 144.** Wer einen Einsatz behindert, der die Vorbeugung einer allgemeinen Gefahr für das menschliche Leben oder die menschliche Gesundheit oder für Vermögen in bedeutendem Umfang zum Zweck hat, bzw. wer entgegen seiner besonderen Verpflichtung einen solchen Einsatz unterläßt,

wird mit Freiheitsentziehung von 6 Monaten bis zu 5 Jahren bestraft.

**Art. 145.** § 1. Wer unter, selbst fahrlässiger, Verletzung der Sicherheitsvorschriften im Land-, Wasser- bzw. Luftverkehr die Verletzung des Körpers oder die Zerrüttung der Gesundheit oder eine ernste Vermögensschädigung einer anderen Person fahrlässig verursacht,

wird mit Freiheitsentziehung bis zu 3 Jahren bestraft.

§ 2. Tritt infolge der Verletzung der Verkehrssicherheitsvorschriften der Tod, eine schwere Körperverletzung oder eine schwere Gesundheitszerrüttung einer anderen Person ein, wird der Täter

mit Freiheitsentziehung von 6 Monaten bis zu 8 Jahren bestraft.

§ 3. Begeht der Täter die in § 1 oder 2 bezeichneten Straftaten, indem er im Zustand der Trunkenheit ein mechanisches Fahrzeug führt,

wird er mit Freiheitsstrafe von einem Jahr bis zu 10 Jahren bestraft.

**Art. 146.** Wer entgegen seiner besonderen Pflicht ein mechanisches Fahrzeug, das gegen die Verkehrssicherheitsbestimmungen verstößt, zum Verkehr zuläßt oder wer es zuläßt, daß eine nicht nüchterne oder die erforderliche Berechtigung nicht besitzende Person ein mechanisches Fahrzeug führt,

wird mit Freiheitsentziehung bis zu 2 Jahren, Freiheitsbeschränkung oder Geldstrafe bestraft.

**Art. 147.** § 1. Wer im Zustand der Trunkenheit Handlungen ausführt, die unmittelbar mit der Gewährleistung der Verkehrssicherheit von Fahrzeugen zusammenhängen,

wird mit Freiheitsentziehung bis zu 2 Jahren, Freiheitsbeschränkung oder Geldstrafe bestraft.

§ 2. Ebenso wird bestraft, wer im Zustand der Trunkenheit andere als die in § 1 bezeichneten beruflichen Handlungen vornimmt, deren

Vornahme in diesem Zustand das menschliche Leben oder die menschliche Gesundheit oder Vermögen in bedeutendem Umfange unmittelbar zu gefährden geeignet ist.

## KAPITEL XXI

## Straftaten gegen das Leben und die Gesundheit

**Art. 148.** § 1. Wer einen Menschen tötet

wird mit Freiheitsentziehung von mindestens 8 Jahren oder mit der Todesstrafe bestraft.

§ 2. Wer einen Menschen unter Einfluß einer durch gerechtfertigte Umstände bewirkten Erregung tötet,

wird mit Freiheitsentziehung von einem Jahr bis zu 10 Jahren bestraft.

**Art. 149.** Eine Mutter, die ihr Kind während der Entbindung unter dem Einfluß von deren Verlauf tötet,

wird mit Freiheitsentziehung von 6 Monaten bis zu 5 Jahren bestraft.

**Art. 150.** Wer einen Menschen auf dessen Wunsch und unter dem Einfluß des Mitleides diesem gegenüber tötet,

wird mit Freiheitsentziehung von 6 Monaten bis zu 5 Jahren bestraft.

**Art. 151.** Wer durch Überredung oder durch Beihilfe einen Menschen veranlaßt, an sein eigenes Leben Hand zu legen,

wird mit Freiheitsentziehung von 6 Monaten bis zu 5 Jahren bestraft.

**Art. 152.** Wer fahrlässig den Tod eines Menschen verursacht,

wird mit Freiheitsentziehung von 6 Monaten bis zu 5 Jahren bestraft.

**Art. 153.** Wer gewaltsam eine Fehlgeburt bei einer schwangeren Frau auslöst oder in anderer Weise ohne deren Einverständnis eine Schwangerschaftsunterbrechung bei ihr bewirkt oder sie hierzu durch Gewaltanwendung, rechtswidrige Nötigung oder Arglist veranlaßt,

wird mit Freiheitsentziehung von 6 Monaten bis zu 8 Jahren bestraft.

**Art. 154.** § 1. Wer mit Einverständnis einer schwangeren Frau, jedoch unter Verstoß gegen die Bestimmungen des Gesetzes eine Schwangerschaftsunterbrechung vornimmt,

wird mit Freiheitsentziehung bis zu 3 Jahren bestraft.

§ 2. Ebenso wird bestraft, wer einer schwangeren Frau bei der Durchführung einer gesetzwidrigen Schwangerschaftsunterbrechung Beihilfe leistet.

**Art. 155.** § 1. Wer:

1. einen Menschen der Sehkraft, des Gehörs, der Sprache, der Zeugungsfähigkeit beraubt oder ihm
2. ein anderes schweres Gebrechen, eine schwere unheilbare oder eine langwierige Krankheit, eine in der Regel lebensgefährliche Krankheit, eine dauerhafte Geisteskrankheit, eine vollständige oder erhebliche Arbeitsunfähigkeit im Berufe oder eine dauerhafte Entstellung oder Verunstaltung des Körpers zufügt,

wird mit Freiheitsentziehung von einem Jahr bis zu 10 Jahren bestraft.

§ 2. Hat der Täter eine schwere Körperverletzung bzw. Gesundheitszerrüttung verursacht,

wird er mit Freiheitsentziehung bis zu 3 Jahren bestraft.

**Art. 156.** § 1. Wer eine andere als die in Art. 155 bezeichnete Körperverletzung oder Gesundheitszerrüttung eines Menschen verursacht,

wird mit Freiheitsentziehung von 6 Monaten bis zu 5 Jahren bestraft.

§ 2. Hat eine in § 1 bezeichnete Tat keine über sieben Tage hinausgehende Funktionsstörung eines Körperorgans zur Folge, wird der Täter

mit Freiheitsentziehung bis zu 3 Jahren bestraft.

§ 3. Hat der Täter durch Fahrlässigkeit eine Körperverletzung oder Gesundheitszerrüttung verursacht,

wird er mit Freiheitsentziehung bis zu 2 Jahren, Freiheitsbeschränkung oder Geldstrafe bestraft.

§ 4. Die Verfolgung einer in § 2 sowie einer in § 3 bezeichneten Tat, bei der eine Funktionsstörung eines Körperorgans für höchstens sieben Tage eingetreten ist, erfolgt im Wege der Privatklage.

**Art. 157.** § 1. Hat eine in den Art. 153, 154 § 1 bzw. in Art. 156 § 1 bezeichnete Tat den Tod eines Menschen zur Folge, wird der Täter

mit Freiheitsentziehung von einem Jahr bis zu 10 Jahren bestraft.

§ 2. Hat eine in Art. 155 § 1 bezeichnete Tat den Tod eines Menschen zur Folge, wird der Täter

mit Freiheitsentziehung von mindestens 2 Jahren bestraft.

**Art. 158.** § 1. Wer sich an einer Schlägerei oder einem Raufhandel beteiligt, bei denen ein Mensch der unmittelbaren Lebensgefahr, der Gefahr einer schweren Körperverletzung oder Gesundheitszerrüttung ausgesetzt ist,

wird mit Freiheitsentziehung bis zu 3 Jahren bestraft.

§ 2. Hat eine Schlägerei oder ein Raufhandel schwere Körperverletzung oder Gesundheitszerrüttung zur Folge, wird der Täter

mit Freiheitsentziehung von 6 Monaten bis zu 8 Jahren bestraft.

§ 3. Hat eine Schlägerei oder ein Raufhandel den Tod eines Menschen zur Folge, wird der Täter

mit Freiheitsentziehung von mindestens einem Jahr bestraft.

**Art. 159.** Wer sich an einer Schlägerei oder einem Raufhandel beteiligt und dabei eine Schußwaffe, ein Messer oder ein sonstiges gefährliches Instrument benutzt,

wird mit Freiheitsentziehung von 6 Monaten bis zu 5 Jahren bestraft.

**Art. 160.** § 1. Wer einen Menschen der unmittelbaren Gefahr des Todes, der schweren Körperverletzung oder Gesundheitszerrüttung aussetzt,

wird mit Freiheitsentziehung bis zu 3 Jahren bestraft.

§ 2. Ist der Täter verpflichtet, sich um Personen zu bekümmern, die einer Gefahr ausgesetzt sind,

wird er mit Freiheitsentziehung von 6 Monaten bis zu 5 Jahren bestraft.

§ 3. Handelte der Täter einer in § 1 oder 2 bezeichneten Tat fahrlässig,

wird er mit Freiheitsentziehung bis zu einem Jahr, Freiheitsbeschränkung oder Geldstrafe bestraft.

**Art. 161.** Wer unbefugt einer anderen Person ein berauschendes Mittel verabfolgt oder ihr zum Genuß eines solchen zuredet,

wird mit Freiheitsentziehung bis zu 5 Jahren bestraft.

**Art. 162.** § 1. Wer an einer Geschlechtskrankheit leidend eine andere Person der Gefahr der Ansteckung mit dieser Krankheit aussetzt,

wird mit Freiheitsentziehung bis zu 3 Jahren bestraft.

§ 2. Steht der Täter mit der geschädigten Person in Lebensgemeinschaft, so erfolgt die Verfolgung auf Antrag des Geschädigten.

**Art. 163.** § 1. Wer eine Person, der gegenüber er sorgepflichtig ist, in einer Situation verläßt, in der ihr unmittelbare Lebensgefahr, Gefahr einer schweren Körperverletzung oder Gesundheitszerrüttung droht,

wird mit Freiheitsentziehung von 6 Monaten bis zu 5 Jahren bestraft.

§ 2. Handelte der Täter fahrlässig,

wird er mit Freiheitsentziehung bis zu einem Jahr, Freiheitsbeschränkung oder Geldstrafe bestraft.

**Art. 164.** § 1. Wer einem sich in unmittelbarer Lebensgefahr, der Gefahr einer schweren Körperverletzung oder Gesundheitszerrüttung befindlichen Menschen keine Hilfe gewährt, obwohl er sie gewähren könnte, ohne sich selbst oder eine andere Person einer Lebensgefahr oder einer ernsthaften Gefährdung der Gesundheit auszusetzen,

wird mit Freiheitsentziehung bis zu 3 Jahren bestraft.

§ 2. Straflos bleibt, wer eine Hilfeleistung unterläßt, zu der er sich einem ärztlichen Eingriff unterwerfen müßte oder die er unter solchen Bedingungen gewähren würde, unter denen die Hilfeleistung seitens einer Institution bzw. einer Person möglich wäre, die hierzu in stärkerem Maße berufen ist.

KAPITEL XXII

## Straftaten gegen die Freiheit

**Art. 165.** § 1. Wer einen Menschen der Freiheit beraubt,

wird mit Freiheitsentziehung von 6 Monaten bis zu 5 Jahren bestraft.

§ 2. Dauert die Freiheitsberaubung länger als 14 Tage oder war sie mit besonderen Qualen verbunden oder in anderen besonders schwerwiegenden Fällen, wird der Täter

mit Freiheitsentziehung von einem Jahr bis zu 10 Jahren bestraft.

**Art. 166.** Wer eine andere Person mit der Begehung einer Straftat zu ihrem oder ihrer Allernächsten Schaden bedroht, wird, wenn die Bedrohung bei dem Bedrohten die begründete Befürchtung erweckt, daß sie ausgeführt werden könnte,

mit Freiheitsentziehung bis zu 2 Jahren, Freiheitsbeschränkung oder Geldstrafe bestraft.

**Art. 167.** § 1. Wer durch Nötigung oder rechtswidrige Bedrohung eine andere Person zu einem bestimmten Verhalten zu zwingen sucht,

wird mit Freiheitsentziehung bis zu 2 Jahren, Freiheitsbeschränkung oder Geldstrafe bestraft.

§ 2. Die Verfolgung findet auf Antrag des Geschädigten statt.

**Art. 168.** § 1. Wer durch Gewaltanwendung, rechtswidrige Drohung oder Arglist eine andere Person dazu bestimmt, eine unsittliche Handlung zu erdulden oder eine solche auszuführen,

wird mit Freiheitsentziehung von einem Jahr bis zu 10 Jahren bestraft.

§ 2. Handelt der Täter besonders grausam oder begeht er im Zusammenwirken mit anderen Personen Notzucht,

wird er mit Freiheitsentziehung von mindestens 3 Jahren bestraft.

§ 3. Die Verfolgung findet auf Antrag des Geschädigten statt.

**Art. 169.** Wer eine unzüchtige Handlung mit einer Person begeht, die völlig oder in erheblichem Maße unfähig ist, die Bedeutung dieser Handlung einzusehen und dieser Einsicht gemäß ihr Verhalten zu bestimmen, wird mit Freiheitsentziehung von einem Jahr bis zu 10 Jahren bestraft.

**Art. 170.** § 1. Wer unter Mißbrauch eines Abhängigkeitsverhältnisses oder unter Ausnutzung einer kritischen Situation eine andere Person dazu bestimmt, eine unsittliche Handlung zu erdulden oder eine solche auszuführen,

wird mit Freiheitsentziehung von 6 Monaten bis zu 5 Jahren bestraft.

§ 2. Die Verfolgung findet auf Antrag des Geschädigten statt.

**Art. 171.** § 1. Wer in ein fremdes Haus, eine fremde Wohnung, ein fremdes Lokal, eine fremde Unterkunft oder umfriedete Bodenparzelle, die benutzt wird oder als Aufenthaltsort dient, eindringt oder trotz Aufforderung des Berechtigten einen solchen Ort nicht verläßt,

wird mit Freiheitsentziehung bis zu 2 Jahren, Freiheitsbeschränkung oder Geldstrafe bestraft.

§ 2. Die Verfolgung findet im Wege der Privatklage statt.

**Art. 172.** § 1. Wer unbefugt einen für ihn nicht bestimmten Brief öffnet oder einen fremden Briefwechsel verheimlicht oder vernichtet, bevor der Adressat dessen Inhalt zur Kenntnis genommen hat, oder wer sich in eine der Nachrichtenvermittlung dienende Leitung einschaltet oder hinterlistig eine nicht für ihn bestimmte Nachricht erlangt, die mittels Fernmeldeanlagen übertragen wird,

wird mit Freiheitsentziehung bis zu 2 Jahren, Freiheitsbeschränkung oder Geldstrafe bestraft.

§ 2. Ebenso bestraft wird, wer eine in dieser Weise erlangte Nachricht weitergibt.

§ 3. Die Verfolgung findet im Wege der Privatklage statt, es sei denn, daß die Tat einen Briefwechsel oder eine Nachricht betrifft, die für eine staatliche oder gesellschaftliche Institution bestimmt ist.

## KAPITEL XXIII

## Straftaten gegen die Sittlichkeit

**Art. 173.** § 1. Wer Schriften, Drucke, Photographien und andere Gegenstände pornographischer Natur verbreitet,

wird mit Freiheitsentziehung bis zu 2 Jahren, Freiheitsbeschränkung oder Geldstrafe bestraft.

§ 2. Ebenso bestraft wird, wer zum Zweck der Verbreitung derartige Schriften, Drucke, Photographien oder Gegenstände herstellt, verwahrt, überträgt, versendet bzw. transportiert.

**Art. 174.** § 1. Wer eine andere Person zur Unzucht bestimmt,

wird mit Freiheitsentziehung von einem Jahr bis zu 10 Jahren bestraft.

§ 2. Ebenso bestraft wird, wer Vermögensvorteile aus fremder Unzucht zieht oder wer zum Zwecke der Erlangung von Vermögensvorteilen fremder Unzucht Vorschub leistet.

**Art. 175.** Wer Geschlechtsverkehr mit einem geradlinigen Verwandten, einem Bruder bzw. einer Schwester oder mit Personen ausübt, zu denen ein Adoptionsverhältnis besteht,

wird mit Freiheitsentziehung von einem Jahr bis zu 10 Jahren bestraft.

**Art, 176.** Wer eine wollüstige Handlung gegenüber einer Person unter 15 Jahren begeht,

wird mit Freiheitsentziehung von einem Jahr bis zu 10 Jahren bestraft.

**Art. 177.** Wer eine unsittliche Handlung in Gegenwart einer Person unter 15 Jahren oder öffentlich begeht,

wird mit Freiheitsentziehung bis zu einem Jahr, Freiheitsbeschränkung oder Geldstrafe bestraft.

## KAPITEL XXIV

## Straftaten gegen die Ehre und die körperliche Integrität

**Art. 178.** § 1. Wer eine andere Person, eine Personengruppe oder Institution solcher Handlungsweise oder Eigenschaften verdächtigt, die sie in der öffentlichen Meinung herabwürdigen oder ihre für die gegebene Stellung, ihren Beruf oder die Art ihrer Tätigkeit benötigte Vertrauenswürdigkeit gefährden kann,

wird mit Freiheitsentziehung bis zu 2 Jahren, Freiheitsbeschränkung oder Geldstrafe bestraft.

§ 2. Wer einen unwahren Vorwurf über die Handlungsweise oder Eigenschaften einer anderen Person, Personengruppe oder Institution in der Absicht erhebt oder verbreitet, diese in der öffentlichen Meinung herabzuwürdigen, oder der Gefahr des Verlustes der für ihre Stellung, ihren Beruf oder die Art ihrer Tätigkeit benötigten Vertrauenswürdigkeit aussetzt,

wird mit Freiheitsentziehung bis zu 3 Jahren bestraft.

§ 3. Im Falle einer Verurteilung für eine in den §§ 1 bzw. 2 bezeichnete Straftat kann das Gericht zugunsten des Geschädigten oder des Polnischen Roten Kreuzes ein Bußgeld in Höhe von 500 bis 5000 Zloty zusprechen.

§ 4. Die Verfolgung findet im Wege der Privatklage statt.

**Art. 179.** § 1. Eine Straftat nach Art. 178 § 1 liegt nicht vor, wenn die nichtöffentlich erfolgte Verdächtigung richtig ist oder wenn der Täter in seiner auf begründeten Tatsachen beruhenden Überzeugung handelte, daß die Verdächtigung richtig ist.

§ 2. Eine Straftat nach Art. 178 § 1 liegt nicht vor, wenn:

1. die öffentlich geäußerte Verdächtigung richtig ist und der Täter in Wahrnehmung gesellschaftlich berechtigter Interessen oder in der auf begründeten Tatsachen beruhenden Überzeugung handelte, daß er in Wahrnehmung solcher Interessen auftritt, oder

2. der Täter bei der öffentlich geäußerten Verdächtigung in der auf begründeten Tatsachen beruhenden Überzeugung handelte, daß die Verdächtigung richtig sei und daß er gesellschaftlich berechtigte Interessen verteidige.

§ 3. Beruht der Mangel einer Straftat auf den in § 1 bzw. 2 bezeichneten Gründen, ist eine Verantwortlichkeit des Täters für Beleidigung mit Rücksicht auf die Form der Erhebung oder Verbreitung der Verdächtigung nicht ausgeschlossen.

**Art. 180.** Auf Antrag des Geschädigten kann das Gericht die Veröffentlichung des verurteilenden Urteils oder der diesb. Entscheidung, die auf Grund von Art. 179 § 2 ergeht, im Arbeitsbetrieb des Angeklagten oder des Geschädigten, in einer Zeitschrift oder in anderer angemessener Weise anordnen.

**Art. 181.** § 1. Wer eine andere Person in ihrer Gegenwart oder zwar in ihrer Abwesenheit, aber öffentlich bzw. in der Absicht beleidigt, daß die erfolgte Beleidigung zu jener dringen soll,

wird mit Freiheitsentziehung bis zu einem Jahr, Freiheitsbeschränkung oder Geldstrafe bestraft.

§ 2. Erfolgte die Beleidigung infolge des herausfordernden Verhaltens des Beleidigten oder hat der Beleidigte hierauf durch eine Verletzung der körperlichen Integrität oder eine Gegenbeleidigung reagiert, kann das Gericht von einer Strafzumessung absehen.

§ 3. Die Verfolgung findet im Wege der Privatklage statt.

**Art. 182.** § 1. Wer einen Menschen schlägt oder dessen körperliche Integrität in anderer Weise verletzt, ohne daß hiervon Spuren am Körper verbleiben bzw. diese nur geringfügig sind,

wird mit Freiheitsentziehung bis zu einem Jahr, Freiheitsbeschränkung oder Geldstrafe bestraft.

§ 2. Erfolgte die Tat infolge des herausfordernden Verhaltens des Geschädigten oder hat der Geschädigte hierauf mit einer gleichartigen Tat reagiert, kann das Gericht von einer Strafzumessung absehen.

§ 3. Die Verfolgung findet im Wege der Privatklage statt.

## KAPITEL XXV

## Straftaten gegen die Familie, Vormundschaft und gegen Jugendliche

**Art. 183.** § 1. Wer eine Ehe eingeht, obwohl er noch in einer ehelichen Verbindung steht,

wird mit Freiheitsentziehung von 6 Monaten bis zu 5 Jahren bestraft.

§ 2. Ebenso bestraft wird, wer eine Ehe mit einer Person eingeht, die noch in einer ehelichen Verbindung steht.

**Art. 184.** § 1. Wer ein Mitglied seiner Familie oder eine andere zum Täter in einem dauernden oder vorübergehenden Abhängigkeitsverhältnis stehende Person oder einen Minderjährigen oder einen Hilflosen körperlich oder moralisch quält,

wird mit Freiheitsentziehung von 6 Monaten bis zu 5 Jahren bestraft.

§ 2. Falls als Folge der Tat der Geschädigte Selbstmord begeht, wird der Täter

mit Freiheitsentziehung von einem Jahr bis zu 10 Jahren bestraft.

**Art. 185.** Wer einen Minderjährigen zur Trunksucht verführt, indem er ihm alkoholische Getränke liefert, den Konsum solcher erleichtert oder ihm zum Konsum derartiger Getränke zuredet,

wird mit Freiheitsentziehung bis zu 3 Jahren bestraft.

**Art. 186.** § 1. Wer sich hartnäckig der Erfüllung einer ihm kraft Gesetzes obliegenden Unterhaltspflicht gegenüber einem Kinde, den Eltern oder einer anderen allernächsten Person entzieht und dadurch diese der Unmöglichkeit der Befriedigung des Mindestlebensbedarfes aussetzt,

wird mit Freiheitsentziehung bis zu 3 Jahren bestraft.

§ 2. Ebenso bestraft wird, wer die in § 1 bezeichnete Tat an einer Person begeht, gegenüber der er eine Unterhaltspflicht auf Grund einer durch rechtskräftige oder vollstreckbare Gerichtsentscheidung erfolgten Feststellung hat.

§ 3. Die Verfolgung findet auf Antrag des Geschädigten, eines Organs der Sozialfürsorge oder einer gesellschaftlichen Organisation statt.

**Art. 187.** § 1. Wer entgegen seiner Verpflichtung, sich um eine Person unter 15 Jahren oder um eine mit Rücksicht auf ihren geistigen oder körperlichen Zustand hilflose Person zu kümmern, diese im Stich läßt,

wird mit Freiheitsentziehung von 6 Monaten bis zu 5 Jahren bestraft.

§ 2. Hat die Tat den Tod der in § 1 genannten Person zur Folge, wird der Täter

mit Freiheitsentziehung von einem Jahr bis zu 10 Jahren bestraft.

**Art. 188.** Wer gegen den Willen der zur Vormundschaft oder Aufsicht berufenen Person einen Minderjährigen oder eine mit Rücksicht auf ihren geistigen oder körperlichen Zustand hilflose Person entführt oder zurückhält,

wird mit Freiheitsentziehung von 6 Monaten bis zu 5 Jahren bestraft.

## KAPITEL XXVI

## Straftaten gegen die Wahlen

**Art. 189.** § 1. Wer durch Gewaltanwendung, widerrechtliche Drohung, Arglist oder Mißbrauch eines Abhängigkeitsverhältnisses die freie Ausübung der Wahlrechte oder die Ausübung anderer Handlungen im Wahlvorgang zum Sejm oder zu einem Nationalrat behindert oder die Ergebnisse einer solchen Abstimmung fälscht,

wird mit Freiheitsentziehung von 6 Monaten bis zu 5 Jahren bestraft.

§ 2. Wer unter Verletzung der Vorschriften über das Abstimmungsgeheimnis bei den Wahlen zum Sejm oder zu einem Nationalrat sich gegen den Willen des Wählers Kenntnis vom Inhalt seiner Stimme verschafft,

wird mit Freiheitsentziehung bis zu 2 Jahren, Freiheitsbeschränkung oder mit Geldstrafe bestraft.

## KAPITEL XXVII

## Straftaten gegen Arbeitnehmerrechte

**Art. 190.** Wer, als für Beschäftigungsfragen in einem Arbeitsbetrieb Verantwortlicher, böswillig oder hartnäckig die sich aus dem Arbeitsverhältnis oder aus den Vorschriften über die Sozialversicherung ergebenden Rechte des Arbeitnehmers verletzt und ihn damit einer ernsten Gefahr aussetzt,

wird mit Freiheitsentziehung bis zu 3 Jahren bestraft.

**Art. 191.** § 1. Wer, als in einem Arbeitsbetrieb für die Sicherheit und Hygiene der Arbeit Verantwortlicher, die ihm hieraus obliegende Pflicht nicht erfüllt und dadurch einen Arbeitnehmer der unmittelbaren Gefahr des Todes, einer schweren Körperverletzung oder einer schweren Zerrüttung der Gesundheit aussetzt,

wird mit Freiheitsentziehung von 6 Monaten bis zu 5 Jahren bestraft.

§ 2. Handelt der Täter fahrlässig,

wird er mit Freiheitsentziehung bis zu 2 Jahren, Freiheitsbeschränkung oder Geldstrafe bestraft.

## KAPITEL XXVIII

## Straftaten gegen die Freiheit des Gewissens und des Bekenntnisses

**Art. 192.** Wer einen Bürger in seinen Rechten anläßlich seiner Bekenntnislosigkeit oder Religionszugehörigkeit Beschränkungen aussetzt,
wird mit Freiheitsentziehung bis zu 5 Jahren bestraft.

**Art. 193.** § 1. Wer öffentlich eine Bevölkerungsgruppe oder Einzelperson wegen ihrer Bekenntnislosigkeit oder Religionszugehörigkeit beschimpft, verhöhnt oder herabwürdigt,
wird mit Freiheitsentziehung bis zu 3 Jahren bestraft.

§ 2. Wer aus dem in § 1 bezeichneten Grund einen Menschen tätlich angreift,
wird mit Freiheitsentziehung von 6 Monaten bis zu 5 Jahren bestraft.

**Art. 194.** Wer bei der Zelebrierung von Riten oder anderen Religionshandlungen die Freiheit des Gewissens und Bekenntnisses zum Nachteil der Interessen der Polnischen Volksrepublik mißbraucht,
wird mit Freiheitsentziehung von einem Jahr bis zu 10 Jahren bestraft.

**Art. 195.** Wer unter Ausnutzung fremder religiöser Gläubigkeit oder fremder Leichtgläubigkeit in Glaubensfragen andere Personen irreführt und einen Auflauf oder eine andere Störung der öffentlichen Ordnung auslöst,
wird mit Freiheitsentziehung von 6 Monaten bis zu 5 Jahren bestraft.

**Art. 196.** Wer eine andere Person zur Durchführung einer religiösen Handlung oder zur Teilnahme an einer religiösen Zeremonie oder zur Unterlassung einer derartigen Handlung oder Zeremonie nötigt,
wird mit Freiheitsentziehung bis zu 5 Jahren bestraft.

**Art. 197.** § 1. Wer böswillig Beerdigungen, Trauerfeierlichkeiten oder -zeremonien behindert oder wer Leichen, menschliche Asche bzw. den Ruheplatz eines Toten verunglimpft,
wird mit Freiheitsentziehung bis zu 3 Jahren bestraft.

§ 2. Besteht die Tat in der Beraubung einer Leiche oder einer Grabstätte oder einer sonstigen Ruhestätte des Toten, wird der Täter mit Freiheitsentziehung von einem Jahr bis zu 10 Jahren bestraft.

**Art. 198.** Wer die religiösen Gefühle anderer Personen verletzt, öffentlich einen religiösen Kultgegenstand oder einen der öffentlichen Ausübung religiöser Zeremonien dienenden Ort verunglimpft,
wird mit Freiheitsentziehung bis zu 2 Jahren, Freiheitsbeschränkung oder Geldstrafe bestraft.

## KAPITEL XXIX

## Straftaten gegen das Vermögen

**Art. 199.** § 1. Wer gesellschaftliches Vermögen errafft,
wird mit Freiheitsentziehung von 6 Monaten bis zu 5 Jahren bestraft.

§ 2. In Fällen von geringfügiger Bedeutung wird der Täter
mit Freiheitsentziehung bis zu einem Jahr, Freiheitsbeschränkung oder mit Geldstrafe bestraft.

**Art. 200.** § 1. Wer als Verwalter von gesellschaftlichem Vermögen oder als Verantwortlicher für seinen Schutz oder seine Beaufsichtigung in Verbindung mit seiner Stellung oder von ihm ausgeübten Funktion dieses Vermögens errafft,
wird mit Freiheitsentziehung von einem Jahr bis zu 10 Jahren bestraft.

§ 2. In Fällen von geringfügiger Bedeutung kann das Gericht außerordentliche Strafmilderung zur Anwendung bringen.

**Art. 201.** Wer gesellschaftliches Vermögen von bedeutendem Wert errafft,
wird mit Freiheitsentziehung von mindestens 5 Jahren oder mit 25jähriger Freiheitsentziehung bestraft.

**Art. 202.** § 1. Wer sich unter Ausnutzung der Geschäftstätigkeit einer Einheit der vergesellschafteten Wirtschaft im Benehmen mit anderen Personen zum Nachteil einer solchen Einheit von Erwerbern oder von Lieferanten Vermögen errafft,
wird mit Freiheitsentziehung von einem Jahr bis zu 10 Jahren bestraft.

§ 2. Errafft der Täter Vermögen von bedeutendem Wert,
wird er mit Freiheitsentziehung von mindestens 5 Jahren oder 25jähriger Freiheitsentziehung bestraft.

**Art. 203.** § 1. Wer fremdes bewegliches Vermögen in Aneignungsabsicht wegnimmt,
wird mit Freiheitsentziehung von 6 Monaten bis zu 5 Jahren bestraft.

§ 2. In Fällen von geringfügiger Bedeutung wird der Täter
mit Freiheitsentziehung bis zu einem Jahr, Freiheitsbeschränkung oder Geldstrafe bestraft.

§ 3. Ein zum Nachteil einer allernächsten Person begangener Diebstahl wird nur auf Antrag des Geschädigten verfolgt.

**Art. 204.** § 1. Wer sich fremdes bewegliches Vermögen aneignet,
wird mit Freiheitsentziehung bis zu 3 Jahren bestraft.

§ 2. Wer sich anvertrautes Vermögen aneignet,

wird mit Freiheitsentziehung von 6 Monaten bis zu 5 Jahren bestraft.

§ 3. In Fällen von geringfügiger Bedeutung wird der Täter

mit Freiheitsentziehung bis zu einem Jahr, Freiheitsbeschränkung oder Geldstrafe bestraft.

§ 4. Eine zum Nachteil einer allernächsten Person erfolgte Aneignung wird nur auf Antrag des Geschädigten verfolgt.

**Art. 205.** § 1. Wer in der Absicht der Erlangung von Vermögensvorteilen eine andere Person zu einer nachteiligen Verfügung über eigenes oder fremdes Vermögen veranlaßt, indem er in ihr einen Irrtum auslöst oder einen bei ihr bestehenden Irrtum oder ihre Unfähigkeit zum gehörigen Verständnis des von ihr bewirkten Geschäftes ausnutzt,

wird mit Freiheitsentziehung von 6 Monaten bis zu 5 Jahren bestraft.

§ 2. In Fällen von geringfügiger Bedeutung wird der Täter

mit Freiheitsentziehung bis zu einem Jahr, Freiheitsbeschränkung oder Geldstrafe bestraft.

§ 3. Erfolgt der Betrug zum Nachteil einer allernächsten Person, wird er nur auf Antrag des Geschädigten verfolgt.

**Art. 206.** Wer verpflichtet ist, die Vermögensangelegenheiten einer anderen Person zu besorgen, und in diesem Zusammenhang zum Nachteil von deren Vermögensinteressen handelt,

wird mit Freiheitsentziehung von 6 Monaten bis zu 5 Jahren bestraft.

**Art. 207.** Wer die Zwangslage einer anderen Person ausnutzt, indem er mit ihr einen Vertrag schließt, durch den ihr eine zur Gegenleistung unverhältnismäßige Leistungspflicht auferlegt wird,

wird mit Freiheitsentziehung von 6 Monaten bis zu 5 Jahren bestraft.

**Art. 208.** Wer auf besonders freche Weise oder unter Einbruch stiehlt,

wird mit Freiheitsentziehung von einem Jahr bis zu zehn Jahren bestraft.

**Art. 209.** Wer unmittelbar nach Begehung eines Diebstahls eine Gewaltanwendung gegen eine Person ausführt oder mit einer solchen droht, um den Besitz an dem weggenommenen Gut beizubehalten,

wird mit Freiheitsentziehung von einem Jahr bis zu 10 Jahren bestraft.

**Art. 210.** § 1. Wer in Aneignungsabsicht Vermögen wegnimmt, indem er eine Gewalthandlung begeht oder mit der Begehung einer solchen gegenüber einer Person droht oder indem er einen Menschen in den Zustand der Ohnmacht oder Verteidigungsunfähigkeit versetzt,

wird mit Freiheitsentziehung von mindestens 3 Jahren bestraft.

§ 2. Benutzt der Räuber Schußwaffen oder ein gefährliches Instrument oder wirkt er mit einer Person zusammen, die solche Waffen oder Instrumente benutzt,

wird er mit Freiheitsentziehung von mindestens 5 Jahren oder mit dem Tode bestraft.

**Art. 211.** Wer in der Absicht der Erlangung von Vermögensvorteilen mit der Drohung eines Anschlags auf das Leben oder die Gesundheit oder eines gewaltsamen Anschlages auf das Vermögen eine andere Person zu einer Vermögensverfügung zwingt,

wird mit Freiheitsentziehung von einem Jahr bis zu 10 Jahren bestraft.

**Art. 212.** § 1. Wer gesellschaftliches Vermögen oder fremdes Vermögen vernichtet, beschädigt oder gebrauchsunfähig macht,

wird mit Freiheitsentziehung bis zu 5 Jahren bestraft.

§ 2. Wurde die in § 1 bezeichnete Tat durch Brandstiftung begangen, wird der Täter

mit Freiheitsentziehung von 6 Monaten bis zu 8 Jahren bestraft.

§ 3. Betrifft die Tat kein gesellschaftliches Vermögen, wird eine in § 1 bezeichnete Straftat auf Antrag des Geschädigten verfolgt.

**Art. 213.** § 1. Wer in Aneignungsabsicht Holzeinschlag im Walde begeht,

wird wie für Diebstahl bestraft.

§ 2. Wer für Holzeinschlag oder für Diebstahl von geschlagenem oder umgeworfenem Holz verurteilt wird, dem ist zugunsten des Geschädigten gerichtlich ein Bußgeld in Höhe des doppelten Holzwertes aufzuerlegen.

**Art. 214.** § 1. Wer in der Absicht kurzfristiger Benutzung ein Kraftfahrzeug wegnimmt, das gesellschaftliches Vermögen oder fremdes Vermögen bildet,

wird mit Freiheitsentziehung bis zu 3 Jahren bestraft.

§ 2. Läßt der Täter anschließend das Fahrzeug in beschädigtem Zustand oder unter solchen Bedingungen im Stich, daß die Gefahr des Verlustes oder der Beschädigung des Fahrzeugs oder seiner Teile oder seines Inhalts gegeben ist, wird er

mit Freiheitsentziehung bis zu 5 Jahren bestraft.

§ 3. Betrifft die Tat kein gesellschaftliches Vermögen, wird eine in § 1 bezeichnete Straftat auf Antrag des Geschädigten verfolgt.

**Art. 215.** § 1. Wer eine durch verbotene Tat erlangte Sache erwirbt oder bei ihrem Absatz behilflich ist oder in der Absicht der Erlangung von Vermögensvorteilen diese Sache entgegennimmt oder zu verbergen hilft,

wird mit Freiheitsentziehung von 6 Monaten bis zu 5 Jahren bestraft.

§ 2. Hat sich der Täter aus der Begehung einer in § 1 bezeichneten Straftat eine ständige Erwerbsquelle verschafft oder begeht er diese Straftat in Beziehung auf gesellschaftliches Vermögen von bedeutendem Wert,

wird er mit Freiheitsentziehung von mindestens 3 Jahren bestraft.

**Art. 216.** Wer eine Sache, von der er auf Grund von Begleitumständen annehmen muß oder kann, daß sie mittels einer verbotenen Tat erlangt ist, erwirbt oder bei ihrem Absatz hilft oder in der Absicht der Erlangung von Vermögensvorteilen diese Sache entgegennimmt oder zu verbergen hilft,

wird mit Freiheitsentziehung bis zu 2 Jahren, Freiheitsbeschränkung oder Geldstrafe bestraft.

## KAPITEL XXX

## Wirtschaftsstraftaten

**Art. 217.** § 1. Wer in Ausübung von Funktionen in einer Einheit der vergesellschafteten Wirtschaft seinen Pflichten nicht nachkommt oder seine Befugnisse im Bereiche einer ordnungsgemäßen Wirtschaftsführung überschreitet und dadurch, sei es auch fahrlässig, ein Vermögen zerstört oder hiervon einen übermäßigen oder unsachgemäßen Gebrauch macht oder eine andere ernste Schädigung der vergesellschafteten Wirtschaft verursacht,

wird mit Freiheitsentziehung von 6 Monaten bis zu 5 Jahren bestraft.

§ 2. Hat die Tat hohen Schaden zur Folge, wird der Täter

mit Freiheitsentziehung von einem Jahr bis zu 6 Jahren bestraft.

§ 3. Eine in §§ 1 und 2 bezeichnete Straftat begeht nicht, wer, sei es zwecks Erreichung von Vorteilen für die vergesellschaftete Wirtschaft, sei es auch zwecks Durchführung von forschungs-wissenschaftlichen Arbeiten oder technischen bzw. wirtschaftlichen Experimenten, im Rahmen eines Risikos handelt, das nach dem aktuellen Stand der Wissenschaft vertretbar ist, insbesondere wenn die Wahrscheinlichkeit der Erzielung von Vorteilen wesentlich die Wahrscheinlichkeit der hieraus möglichen Nachteile übersteigt.

**Art. 218.** § 1. Wer unter Vernachlässigung seiner Pflichten oder unter Überschreitung seiner Befugnisse im Bereiche der Aufsicht über gesellschaftliches Vermögen, seiner Behütung oder Bewirtschaftung sei es auch nur fahrlässig die Möglichkeiten für die Entstehung eines Mankos schafft, wird — falls ein solches Manko entsteht —

mit Freiheitsentziehung von 6 Monaten bis zu 5 Jahren bestraft.

§ 2. Erfolgte ein vollständiger Ausgleich des Mankos, so kann das Gericht außerordentliche Strafmilderung zur Anwendung bringen.

**Art. 219.** Wer einer anderen Person Vermögensobjekte oder Dokumente zwecks Verheimlichung eines am gesellschaftlichen Vermögen entstandenen Mankos und der Täuschung des Kontrollorgans verleiht,

wird mit Freiheitsentziehung bis zu 3 Jahren bestraft.

**Art. 220.** Wer technische Einrichtungen zerstört, beschädigt oder gebrauchsunfähig macht bzw. ihre Benutzbarkeit erschwert, indem er dadurch eine wesentliche Störung der Produktion, des Transportes oder der Verbindungswege bewirkt,

wird mit Freiheitsentziehung von mindestens 3 Jahren bestraft.

**Art. 221.** § 1. Wer als Beschäftigter in einer vergesellschafteten Wirtschaftseinheit an eine unbefugte Person eine Ware zum Zwecke des Wiederverkaufs mit Gewinnerzielung veräußert, die in dieser Einheit nicht für den unmittelbaren Verkauf an Verbraucher bestimmt ist,

wird mit Freiheitsentziehung von 6 Monaten bis zu 5 Jahren bestraft.

§ 2. Wer als Leiter oder als Beschäftigter eines Einzelhandelsunternehmens eine Ware zum Zwecke des Wiederverkaufs mit Gewinnerzielung veräußert,

wird mit Freiheitsentziehung bis zu 3 Jahren bestraft.

§ 3. Den in §§ 1 und 2 vorgesehenen Strafen ist auch derjenige unterworfen, der eine in §§ 1 bzw. 2 bezeichnete Ware absetzt oder in der Absicht des Wiederverkaufs mit Gewinnerzielung erwirbt.

§ 4. Hat sich der Täter mit der Begehung der in §§ 1, 2 bzw. 3 bezeichneten Straftaten eine ständige Erwerbsquelle geschaffen oder hat er eine Straftat an einem Vermögen von bedeutendem Wert begangen,

wird er mit Freiheitsentziehung von einem Jahr bis zu 10 Jahren bestraft.

**Art. 222.** Wer ohne zum Handel befugt zu sein zum Zwecke des Wiederverkaufs mit Gewinnerzielung Waren in solchen Mengen speichert, die in einem offensichtlichen Mißverhältnis zu seinen eigenen Bedürfnissen als Verbraucher stehen,

wird mit Freiheitsentziehung bis zu drei Jahren bestraft.

**Art. 223.** § 1. Wer als in einer Einheit der vergesellschafteten Wirtschaft Beschäftigter unbefugt anstelle der zum Verkauf vorgesehenen

Ware solche Waren verkauft, die ihm selbst oder einer dritten Person gehören,

wird mit Freiheitsentziehung bis zu 3 Jahren bestraft.

§ 2. Ebenso bestraft wird ein Arbeitnehmer eines vergesellschafteten Unternehmens, der statt Dienstleistungen namens dieses Unternehmens auszuführen, unter Ausnutzung der Einrichtungen desselben in bedeutendem Umfang und in der Absicht der Erlangung von Vermögensvorteilen selbständig Dienste leistet.

§ 3. Hat der Täter sich aus der Begehung der in §§ 1 bzw. 2 bezeichneten Straftaten eine ständige Erwerbsquelle geschaffen oder hat er die Straftat im Verhältnis zu gesellschaftlichem Vermögen von bedeutendem Wert begangen,

wird er mit Freiheitsentziehung von 6 Monaten bis zu 8 Jahren bestraft.

**Art. 224.** § 1. Wer unbefugt zum Zwecke des Wiederverkaufs mit Gewinn Waren, die im Inland für ausländisches Geld erworben wurden, das im In- oder Ausland eingezahlt worden ist, oder Urkunden aufkauft, die zum Bezug solcher Waren berechtigen,

wird mit Freiheitsentziehung bis zu 5 Jahren bestraft.

§ 2. Ebenso bestraft wird, wer die in § 1 bezeichneten Waren oder Urkunden mit Gewinn weiterverkauft.

**Art. 225.** § 1. Wer beim Verkauf einer Ware oder bei der Leistung eines Dienstes den Erwerber hinsichtlich der Menge, des Gewichtes, der Maße, der Gattung, der Art oder des Preises betrügt bzw. sich eines unredlichen Meßinstrumentes bedient,

wird mit Freiheitsentziehung bis zu 5 Jahren bestraft.

§ 2. Ebenso bestraft wird, wer beim Erwerb von landwirtschaftlichen oder tierischen Produkten den Lieferanten hinsichtlich der Menge, des Gewichtes, der Maße, der Gattung oder des Preises betrügt bzw. sich eines unredlichen Meßinstruments bedient.

**Art. 226.** Bei einer Verurteilung für eine in Art. 221 §§ 2, 3 bzw. 4 oder Art. 225 bezeichnete Straftat kann das Gericht ein Verbot der Ausübung einer Produktions-, Verarbeitungs-, Handels- oder Dienstleistungstätigkeit bzw. den Verfall der Einrichtungen des Unternehmens und der im Eigentum des Täters stehenden Waren aussprechen.

## KAPITEL XXXI

## Fälschung von Geld, Wertpapieren, Amtszeichen und Meßgeräten

**Art. 227.** § 1. Wer polnisches oder ausländisches Geld oder ein zum Empfang eines Geldbetrages oder von Waren, die für Devisenwerte veräußert werden, berechtigendes Inhaberpapier nachmacht oder verfälscht, bzw. wer von Geld oder einer solchen Urkunde die Ungültigkeitsmarke entfernt, wird mit Freiheitsentziehung von mindestens 3 Jahren oder mit 25jähriger Freiheitsentziehung bestraft.

§ 2. Wer das in § 1 bezeichnete Geld oder Papier in Umlauf setzt oder es zu diesem Zweck entgegennimmt, verwahrt, transportiert, überträgt, versendet oder bei seinem Absatz oder seiner Verheimlichung behilflich ist,

wird mit Freiheitsentziehung von einem Jahr bis zu 10 Jahren bestraft.

§ 3. Wer zwecks Begehung einer in § 1 bzw. 2 bezeichneten Tat sich mit anderen Personen ins Benehmen setzt bzw. technische Hilfsmittel anfertigt, erwirbt oder verwahrt,

wird mit Freiheitsentziehung von 6 Monaten bis zu 5 Jahren bestraft.

**Art. 228.** Wer nachgemachtes oder verfälschtes Geld bzw. ein in Art. 227 § 1 bezeichnetes Papier, das er selbst als echt erhalten hat, in Umlauf bringt,

wird mit Freiheitsentziehung bis zu einem Jahr, Freiheitsbeschränkung oder Geldstrafe bestraft.

**Art. 229.** § 1. Wer zwecks Benutzung im öffentlichen Umsatz ein amtliches Wertzeichen nachmacht oder verfälscht oder von einem solchen Zeichen die Ungültigkeitsmarke entfernt,

wird mit Freiheitsentziehung bis zu 3 Jahren bestraft.

§ 2. Ebenso wird bestraft, wer ein nachgemachtes oder verfälschtes amtliches Wertzeichen bzw. ein solches, von dem die Ungültigkeitsmarke entfernt wurde, in Umlauf bringt, erwirbt oder benutzt bzw. zum Zwecke der Inumlaufsetzung verwahrt.

**Art. 230.** Wer zum Zwecke der Gebrauchmachung für den öffentlichen Umsatz ein Amtszeichen nachmacht oder verfälscht, mit dem eine Bevollmächtigung, die Begleichung von Schatzgebühren oder ein Untersuchungsergebnis beglaubigt werden soll, bzw. wer im öffentlichen Umsatz Gegenstände benutzt, die mit derartigen nachgemachten oder verfälschten Zeichen versehen sind,

wird mit Freiheitsentziehung bis zu 3 Jahren bestraft.

**Art. 231.** Wer ein legalisiertes Meßgerät nachmacht oder verfälscht bzw. ein solches Gerät im öffentlichen Umsatz gebraucht oder zum Zwecke des Gebrauches verwahrt,

wird mit Freiheitsentziehung bis zu 3 Jahren bestraft.

**Art. 232.** § 1. Geld, Wertpapiere und -zeichen, die nachgemacht oder verfälscht sind bzw. von denen die Ungültigkeitsmarke entfernt wurde, desgleichen die in Art. 227 § 3 bezeichneten technischen Hilfsmittel verfallen, selbst wenn sie kein Eigentum des Täters bilden.

§ 2. Nachgemachte oder verfälschte Amtszeichen im Sinne von Art. 230 sind zu entfernen, selbst wenn dies die Vernichtung des Gegenstandes nach sich zieht.

## KAPITEL XXXII

## Straftaten gegen die Tätigkeit staatlicher und gesellschaftlicher Institutionen

**Art. 233.** Wer einen tätlichen Überfall auf einen öffentlichen Funktionär oder eine von diesem zur Hilfe herangezogene Person im Zusammenhang mit der Erfüllung von Dienstobliegenheiten begeht,

wird mit Freiheitsentziehung von 6 Monaten bis zu 5 Jahren bestraft.

**Art. 234.** § 1. Wer einen tätlichen Überfall auf einen Funktionär der Bürgermiliz[24] oder eines anderen zum Schutz der öffentlichen Ordnung und Sicherheit berufenen Organs im Zusammenhang mit der Erfüllung von dessen Dienstobliegenheiten begeht,

wird mit Freiheitsentziehung von 6 Monaten bis zu 8 Jahren bestraft.

§ 2. Wer einen tätlichen Überfall der in § 1 bezeichneten Art unternimmt, der in der Verursachung einer schweren Körperverletzung oder Gesundheitsschädigung besteht,

wird mit Freiheitsentziehung von mindestens 3 Jahren bestraft.

**Art. 235.** Wer Gewalt oder rechtswidrige Drohung zwecks Nötigung eines öffentlichen Funktionärs oder einer von diesem zur Hilfe herangezogenen Person zur Unterlassung einer rechtmäßigen Diensthandlung anwendet,

wird mit Freiheitsentziehung bis zu 3 Jahren bestraft.

**Art. 236.** Wer einen öffentlichen Funktionär oder eine von diesem zur Hilfe herangezogene Person im Verlaufe und Zusammenhang mit der Erfüllung von deren Dienstobliegenheiten beleidigt,

wird mit Freiheitsentziehung bis zu 2 Jahren, Freiheitsbeschränkung oder Geldstrafe bestraft.

**Art. 237.** Wer ein Staatsorgan oder eine politische Organisation, eine Gewerkschaft, eine gemeinnützige Vereinigung oder eine andere gesellschaftliche Organisation von gesamtstaatlicher Bedeutung am Wirkungsort oder öffentlich beleidigt,

wird mit Freiheitsentziehung bis zu 2 Jahren, Freiheitsbeschränkung oder Geldstrafe bestraft.

**Art. 238.** Wer unter Berufung auf eine angeblich zu erfüllende öffentliche Funktion oder unter Ausnutzung einer irrigen Überzeu-

---

[24] Die Bürgermiliz ist 1944 an die Stelle der früheren („blauen") Staatspolizei getreten. Sie „bildet eine bewaffnete Formation, die zum Schutze der öffentlichen Ruhe, Ordnung und Sicherheit berufen ist" (Art. 1 Dekret v. 21. 12. 1955 über die Organisation und den Geschäftsbereich der Bürgermiliz — DzU 1955 Nr. 46, Pos. 311). Als Hilfsorgan besteht die Freiwillige Bürgermiliz-Reserve „ORMO" (Ges. v. 13. 6. 1967 DzU Nr. 23, Pos. 108).

gung einer anderen Person von deren Gegebenheit eine mit dieser Funktion zusammenhängende Tätigkeit ausübt,

wird mit Freiheitsentziehung bis zu 2 Jahren, Freiheitsbeschränkung oder Geldstrafe bestraft.

**Art. 239.** § 1. Wer im Zusammenhang mit der Erfüllung einer öffentlichen Funktion einen Vermögens- oder persönlichen Vorteil entgegennimmt oder sich diesen versprechen läßt,

wird mit Freiheitsentziehung von 6 Monaten bis zu 5 Jahren bestraft.

§ 2. Wer in Erfüllung einer öffentlichen Funktion eine Diensthandlung von der Erlangung eines Vorteils abhängig macht oder einen solchen Vorteil fordert,

wird mit Freiheitsentziehung von einem Jahr bis zu 10 Jahren bestraft.

§ 3. Die in § 2 vorgesehene Strafe trifft auch denjenigen, der in Erfüllung einer öffentlichen Funktion für eine Handlung, die einen Verstoß gegen eine Rechtsvorschrift bildet, einen Vorteil annimmt oder sich einen solchen versprechen läßt.

**Art. 240.** Wer die in Art. 239 bezeichnete Straftat begeht:

1. indem er eine mit besonderer Verantwortung verbundene Funktion ausübt oder
2. indem er einen besonders großen Vermögensvorteil annimmt oder sich versprechen läßt,

wird mit Freiheitsentziehung von mindestens 6 Monaten bis zu 5 Jahren bestraft.

**Art. 241.** § 1. Wer in dem in Art. 239 §§ 1 bzw. 2 bezeichneten Falle einen Vermögens- oder persönlichen Vorteil gewährt oder zu gewähren verspricht,

wird mit Freiheitsentziehung von 6 Monaten bis zu 5 Jahren bestraft.

§ 2. In Fällen von geringerer Bedeutung wird der Täter

mit Freiheitsentziehung bis zu einem Jahr, Freiheitsbeschränkung oder mit Geldstrafe bestraft.

§ 3. In dem in Art. 239 § 3 bzw. in Art. 240 Ziff. 1 bezeichneten Falle wird der den Vorteil Gewährende bzw. Versprechende

mit Freiheitsentziehung von mindestens 3 Jahren bestraft.

§ 4. In dem in Art. 240 Ziff. 2 bezeichneten Fall wird derjenige, der einen Vorteil gewährt oder verspricht,

mit Freiheitsentziehung von mindestens 3 Jahren bestraft.

**Art. 242.** Der Anstifter und der Gehilfe bei den in Art. 239 bezeichneten Straftaten werden so bestraft wie derjenige, der einen Vermögens- oder einen persönlichen Vorteil gewährt oder verspricht.

**Art. 243.** Hat der Täter einer in den Art. 239—242 bezeichneten Straftat das zur Verfolgung berufene Organ von der Gegebenheit der

Straftat und den Umständen ihrer Begehung informiert, bevor das Organ hiervon Kenntnis erlangt hatte, kann das Gericht außerordentliche Milderung der Strafe zur Anwendung bringen und sogar von ihrer Zumessung Abstand nehmen.

**Art. 244.** Wer unter Berufung auf seinen Einfluß auf eine staatliche oder gesellschaftliche Institution oder unter Hervorrufung der Überzeugung einer anderen Person oder unter Befestigung derselben in dieser Überzeugung von dem Vorhandensein eines solchen Einflusses die Vermittlung der Erledigung einer Angelegenheit gegen die Gewährung eines Vermögens- oder persönlichen Vorteils bzw. das Versprechen eines solchen übernimmt,

wird mit Freiheitsentziehung von einem Jahr bis zu 10 Jahren bestraft.

**Art. 245.** Wer in der Absicht der Erlangung von Vermögensvorteilen eine öffentliche Auktion zum Nachteil des Vermögenseigentümers oder einer Person oder Institution, in deren Interesse die Auktion durchgeführt wird, verhindert oder erschwert,

wird mit Freiheitsentziehung bis zu 3 Jahren bestraft.

**Art. 246.** § 1. Ein öffentlicher Funktionär, der unter Überschreitung seiner Befugnisse bzw. in Nichterfüllung seiner Obliegenheiten zum Nachteil des gesellschaftlichen Wohles oder einer Einzelperson handelt,

wird mit Freiheitsentziehung von 6 Monaten bis zu 5 Jahren bestraft.

§ 2. Unternimmt der Täter die Tat in der Absicht der Erlangung von Vermögens- oder persönlichen Vorteilen,

wird er mit Freiheitsentziehung von einem Jahr bis zu 10 Jahren bestraft.

§ 3. Unternimmt der Täter eine in § 1 bezeichnete Tat fahrlässig, wodurch er einen ernsten Schaden verursacht,

wird er mit Freiheitsentziehung bis zu 2 Jahren, Freiheitsbeschränkung oder Geldstrafe bestraft.

§ 4. Die Vorschriften der §§ 1—3 finden keine Anwendung, wenn die Tat den Tatbestand einer anderen Straftat erschöpft oder wenn die Überschreitung der Befugnisse oder die Nichterfüllung der Obliegenheiten zu ihrem Tatbestand gehört.

## KAPITEL XXXIII

## Straftaten gegen die Rechtspflege

**Art. 247.** § 1. Wer bei einer Aussage, die als Beweismittel in einem Gerichtsverfahren oder in einem anderen gesetzlich geregelten Verfahren zu dienen bestimmt ist, falsch aussagt oder die Wahrheit unterdrückt,

wird mit Freiheitsentziehung bis zu 5 Jahren bestraft.

§ 2. Die Verantwortlichkeit setzt voraus, daß derjenige, der die Aussage entgegennimmt, im Rahmen seiner Befugnisse handelnd den Aussagenden zuvor über die Strafbarkeit einer falschen Aussage belehrt oder ihm eine Versicherung abgenommen hat.

§ 3. Straflos bleibt, wer in Unkenntnis über sein Recht, die Aussage oder die Antwort auf eine Befragung verweigern zu können, eine falsche Aussage aus Furcht vor einer ihm selbst oder seinen Allernächsten drohenden strafrechtlichen Verantwortlichkeit macht.

§ 4. Das Gericht kann außerordentliche Strafmilderung anwenden und sogar ganz auf Strafzumessung verzichten, wenn:

1. die falsche Aussage Umstände betrifft, die auf die Sachentscheidung keinerlei Einfluß haben oder
2. der Täter die Aussage richtigstellt, bevor es zu einer, selbst nicht rechtskräftigen, Sachentscheidung kommt.

**Art. 248.** Wer vor einem Verfolgungsorgan eine falsche Anschuldigung gegen eine andere Person erhebt, die die Begehung einer Straftat, einer Übertretung oder eines Disziplinarvergehens zum Gegenstand hat,

wird mit Freiheitsentziehung von 6 Monaten bis zu 5 Jahren bestraft.

**Art. 249.** Wer durch Anfertigung von falschen Beweismitteln oder durch andere hinterlistige Manipulationen gegen eine bestimmte Person ein Verfahren wegen einer Straftat, einer Übertretung oder eines Disziplinarvergehens in die Wege leitet bzw. im Verlaufe eines Verfahrens derartige Manipulationen vornimmt,

wird mit Freiheitsentziehung von 6 Monaten bis zu 5 Jahren bestraft.

**Art. 250.** § 1. Wer Beweismittel für die Unschuld einer der Begehung einer Straftat, Übertretung oder eines Disziplinarvergehens verdächtigen Person unterdrückt,

wird mit Freiheitsentziehung bis zu 3 Jahren bestraft.

§ 2. Straflos bleibt, wer Beweismittel für die Unschuld aus Angst vor einer ihm selbst oder seinem Allernächsten drohenden strafrechtlichen Verantwortlichkeit unterdrückt.

**Art. 251.** Wer ein Verfolgungsorgan von einer Straftat benachrichtigt, obwohl er weiß, daß diese nicht begangen wurde,

wird mit Freiheitsentziehung bis zu 2 Jahren, Freiheitsbeschränkung oder Geldstrafe bestraft.

**Art. 252.** § 1. Wer ein Strafverfahren verhindert oder erschwert indem er dem Straftäter behilflich ist, sich der strafrechtlichen Verantwortlichkeit zu entziehen, insbesondere indem er den Täter versteckt, die Spuren seiner Straftat verwischt oder für den Täter die Strafe selbst verbüßt,

wird mit Freiheitsentziehung bis zu 5 Jahren bestraft.

§ 2. Straflos bleibt, wer seine Allernächsten versteckt.

§ 3. Das Gericht kann außerordentliche Strafmilderung zur Anwendung bringen und sogar ganz auf Strafzumessung verzichten, falls der Täter einer allernächsten Person Beihilfe geleistet oder aus Furcht vor einer ihm selbst oder seinen Allernächsten drohenden strafrechtlichen Verantwortlichkeit gehandelt hat.

**Art. 253.** Wer mittels Anwendung von Gewalt oder rechtswidriger Drohung in der Absicht der Einflußnahme auf die Tätigkeit eines Zeugen, Sachverständigen oder Dolmetschers oder im Zusammenhang mit diesen Tätigkeiten gegen sie einen tätlichen Überfall unternimmt,

wird mit Freiheitsentziehung von 6 Monaten bis zu 5 Jahren bestraft.

**Art. 254.** § 1. Wer im Besitze einer glaubwürdigen Nachricht über eine in den Artikeln 122—124, 126—128 bzw. 148 bezeichnete Straftat das Verfolgungsorgan nicht unverzüglich von der Tatsache der Straftat und den Umständen ihrer Begehung sowie den Ort des früheren oder gegenwärtigen Aufenthaltes des Täters benachrichtigt,

wird mit Freiheitsentziehung von 6 Monaten bis zu 5 Jahren bestraft.

§ 2. Straflos bleibt, wer die Benachrichtigung unterlassen hat, weil er begründeten Anlaß zu der Annahme hatte, daß das Verfolgungsorgan von der Tatsache der Straftat und den in § 1 bezeichneten Umständen Kenntnis hatte, oder aus Furcht vor einer ihm selbst oder seinen Allernächsten drohenden strafrechtlichen Verantwortung geschwiegen hat.

**Art. 255.** § 1. Wer vor der Hauptverhandlung ohne Genehmigung Nachrichten aus dem Ermittlungsverfahren verbreitet,

wird mit Freiheitsentziehung bis zu einem Jahr, Freiheitsbeschränkung oder Geldstrafe bestraft.

§ 2. Ebenso bestraft wird, wer Nachrichten aus einer unter Ausschluß der Öffentlichkeit durchgeführten Gerichtsverhandlung öffentlich verbreitet.

**Art. 256.** § 1. Wer sich selbst befreit, nachdem ihm die Freiheit entzogen oder er in einem Zentrum der gesellschaftlichen Anpassung auf Grund einer gerichtlichen Entscheidung oder einer gesetzmäßigen Verfügung eines anderen Staatsorgans untergebracht worden ist,

wird mit Freiheitsentziehung bis zu einem Jahr bestraft.

§ 2. Handelt der Täter im Benehmen mit anderen Personen oder übt er Gewalt aus oder droht er mit ihrer Anwendung oder beschädigt er den Einschließungsort, wird er mit Freiheitsentziehung von 6 Monaten bis zu 5 Jahren bestraft.

**Art. 257.** § 1. Wer eine im Freiheitsentzug befindliche oder in einem Zentrum der gesellschaftlichen Anpassung auf Grund einer gerichtlichen Entscheidung oder einer gesetzmäßigen Verfügung eines anderen Staatsorgans untergebrachte Person befreit oder ihr die Flucht erleichtert,

wird mit Freiheitsentziehung von 6 Monaten bis zu 5 Jahren bestraft.

§ 2. Handelte der Täter fahrlässig,

wird er mit Freiheitsentziehung bis zu 2 Jahren, Freiheitsbeschränkung oder Geldstrafe bestraft.

**Art. 258.** Wer in der Absicht, die Vollstreckung einer Entscheidung des Gerichtes oder eines anderen Staatsorgans zu verhindern, beschlagnahmtes oder von der Beschlagnahme bedrohtes Vermögen beseitigt, verbirgt, veräußert oder belastet bzw. beschädigt,

wird mit Freiheitsentziehung bis zu 2 Jahren, Freiheitsbeschränkung oder Geldstrafe bestraft.

**Art. 259.** Wer ein gerichtlich verhängtes Verbot der Einnahme einer Stellung, der Ausübung eines Berufes oder einer Tätigkeit oder der Führung von Kraftfahrzeugen unbeachtet läßt oder der gerichtlichen Anordnung der Veröffentlichung einer Gerichtsentscheidung in der darin vorgeschlagenen Weise nicht nachkommt,

wird mit Freiheitsentziehung bis zu einem Jahr, Freiheitsbeschränkung oder Geldstrafe bestraft.

## KAPITEL XXXIV

## Straftaten der Verletzung des Staats- und Dienstgeheimnisses

**Art. 260.** § 1. Wer eine Nachricht offenbart, die ein Staatsgeheimnis bildet,

wird mit Freiheitsentziehung von 6 Monaten bis zu 5 Jahren bestraft.

§ 2. Bildet die Nachricht ein Geheimnis mit Rücksicht auf die Verteidigungskraft oder Sicherheit der Polnischen Volksrepublik, wird der Täter

mit Freiheitsentziehung von einem Jahr bis zu 10 Jahren bestraft.

§ 3. Wer eine in §§ 1 bzw. 2 bezeichnete Nachricht, von der er im Zusammenhang mit seiner Funktion in einer staatlichen oder gesellschaftlichen Organisation Kenntnis erlangt hat, fahrlässig offenbart,

wird mit Freiheitsentziehung bis zu 3 Jahren bestraft.

**Art. 261.** Wer einer im Namen oder zugunsten einer ausländischen Institution oder eines ausländischen Unternehmens handelnden Person eine Nachricht offenbart, die ein Staatsgeheimnis bildet,

wird mit Freiheitsentziehung von mindestens 3 Jahren bestraft.

**Art. 262.** § 1. Wer den Verlust oder das Abhandenkommen einer ihm anvertrauten Urkunde oder eines anderen ihm anvertrauten Gegenstandes, die ein Staatsgeheimnis enthalten, fahrlässig zuläßt,

wird mit Freiheitsentziehung bis zu 3 Jahren bestraft.

§ 2. Bildet die Urkunde oder der Gegenstand ein Geheimnis mit Rücksicht auf die Verteidigungskraft oder Sicherheit der Polnischen Volksrepublik, wird der Täter

mit Freiheitsentziehung bis zu 5 Jahren bestraft.

**Art. 263.** Wer eine zum Schutz eines Staatsgeheimnisses erlassene Anordnung verletzt, wodurch er die Gefahr einer Offenbarung desselben herbeiführt,

wird mit Freiheitsentziehung bis zu 3 Jahren bestraft.

**Art. 264.** § 1. Ein öffentlicher Funktionär oder ein anderer Bediensteter einer staatlichen bzw. gesellschaftlichen Institution, der eine Nachricht offenbart, die ein Dienstgeheimnis bildet,

wird mit Freiheitsentziehung bis zu 3 Jahren bestraft.

§ 2. Übermittelt der Täter eine in § 1 bezeichnete Nachricht ins Ausland,

wird er mit Freiheitsentziehung von 6 Monaten bis zu 5 Jahren bestraft.

## KAPITEL XXXV

## Straftaten gegen Urkunden

**Art. 265.** § 1. Wer in der Absicht ihres Gebrauchs als echt eine Urkunde nachmacht oder verfälscht oder eine solche Urkunde als echt gebraucht,

wird mit Freiheitsentziehung von 6 Monaten bis zu 5 Jahren bestraft.

§ 2. In Fällen von geringerer Bedeutung wird der Täter

mit Freiheitsentziehung bis zu einem Jahr, Freiheitsbeschränkung oder Geldstrafe bestraft.

§ 3. Wer Vorbereitungen zur Begehung einer in § 1 bezeichneten Straftat in der Weise trifft, daß er einen amtlichen Vordruck, ein Siegel, einen Stempel oder andere Geräte nachmacht, verfälscht oder erwirbt,

wird mit Freiheitsentziehung bis zu 2 Jahren, Freiheitsbeschränkung oder Geldstrafe bestraft.

**Art. 266.** § 1. Ein öffentlicher Funktionär oder eine andere zur Ausstellung von Urkunden befugte Person, die darin unwahre Angaben über rechtserhebliche Tatsachen bescheinigt,

wird mit Freiheitsentziehung von 6 Monaten bis zu 5 Jahren bestraft.

§ 2. Ebenso wird bestraft, wer von einer solchen Urkunde Gebrauch macht.

§ 3. In Fällen von geringerer Bedeutung wird der Täter einer in den §§ 1 bzw. 2 bezeichneten Tat

mit Freiheitsentziehung bis zu einem Jahr, Freiheitsbeschränkung oder Geldstrafe bestraft.

§ 4. Unternimmt der Täter eine in § 1 bezeichnete Tat in der Absicht der Erlangung von Vermögens- oder persönlichen Vorteilen,

wird er mit Freiheitsentziehung von einem Jahr bis zu 10 Jahren bestraft.

**Art. 267.** Wer eine Bescheinigung unwahrer Tatsachen erschleicht, indem er einen öffentlichen Funktionär oder eine andere zur Ausstellung der Urkunde befugte Person täuscht oder von einer auf diesem Wege erlangten Bescheinigung Gebrauch macht,

wird mit Freiheitsentziehung bis zu 2 Jahren, Freiheitsbeschränkung oder Geldstrafe bestraft.

**Art. 268.** Wer eine Urkunde, über die er keine selbständige Verfügungsgewalt hat, vernichtet, beschädigt, verheimlicht oder beseitigt,

wird mit Freiheitsentziehung bis zu 3 Jahren bestraft.

**Art. 269.** Wer Grenzzeichen vernichtet, beschädigt, entfernt, verschiebt oder unsichtbar macht bzw. falsch aufstellt,

wird mit Freiheitsentziehung bis zu 3 Jahren bestraft.

## KAPITEL XXXVI

## Straftaten gegen die öffentliche Ordnung

**Art. 270.** § 1. Wer öffentlich die Polnische Nation, die Polnische Volksrepublik, ihre Verfassung oder ihre obersten Organe schmäht, verhöhnt oder herabwürdigt,

wird mit Freiheitsentziehung von 6 Monaten bis zu 8 Jahren bestraft.

§ 2. Ebenso wird bestraft, wer öffentlich den Faschismus oder irgendeine seiner Abarten rühmt.

**Art. 271.** § 1. Wer falsche Nachrichten verbreitet, die die Interessen der Polnischen Volksrepublik ernstlich zu schädigen geeignet sind,

wird mit Freiheitsentziehung bis zu 3 Jahren bestraft.

§ 2. Unternimmt der Täter eine Straftat gem. § 1 im Auslande oder übermittelt er eine in § 1 bezeichnete Nachricht einem gegen die Interessen der Polnischen Volksrepublik gerichtete Tätigkeit ausübenden ausländischen Zentrum,

wird er mit Freiheitsentziehung von 6 Monaten bis zu 5 Jahren bestraft.

**Art. 272.** Wer öffentlich zu Streitigkeiten auf nationalistischem, ethnischem, rassischem oder religiösem Hintergrund aufruft oder solche Streitigkeiten öffentlich rühmt,

wird mit Freiheitsentziehung von 6 Monaten bis zu 5 Jahren bestraft.

**Art. 273.** § 1. Wer eine in den Art. 270—272 bezeichnete Tat unternimmt, wobei er den Druck oder andere Medien der Masseninformation benutzt,

wird mit Freiheitsentziehung von einem Jahr bis zu 10 Jahren bestraft.

§ 2. Wer in der Absicht der Verbreitung ein Schriftstück, einen Druck oder einen anderen Gegenstand herstellt, verwahrt, transportiert, überbringt oder versendet, der einen in den Art. 270—272 bezeichneten Inhalt hat,

wird mit Freiheitsentziehung von 6 Monaten bis zu 5 Jahren bestraft.

§ 3. Bei einer Verurteilung für eine in § 1 bzw. 2 bezeichnete Straftat kann das Gericht den Verfall der Geräte und sonstigen Gegenstände anordnen, die der Begehung der Straftat gedient haben oder hierfür vorgesehen waren, selbst wenn sie kein Eigentum des Täters sind.

**Art. 274.** § 1. Wer öffentlich eine Bevölkerungsgruppe, oder eine Einzelperson wegen ihrer nationalen, ethnischen oder rassischen Zugehörigkeit schmäht, verhöhnt oder herabwürdigt,

wird mit Freiheitsentziehung bis zu 3 Jahren bestraft.

§ 2. Wer einen tätlichen Überfall auf einen Menschen aus einem in § 1 bezeichneten Grunde unternimmt,

wird mit Freiheitsentziehung von 6 Monaten bis zu 5 Jahren bestraft.

**Art. 275.** § 1. Wer an einem öffentlichen Auflauf teilnimmt, dessen Beteiligte mit vereinten Kräften einen gewaltsamen Angriff auf eine Person oder ein Vermögensobjekt unternehmen,

wird mit Freiheitsentziehung von 6 Monaten bis zu 5 Jahren bestraft.

§ 2. Hat der gewaltsame Angriff den Tod, eine schwere Körperverletzung oder Gesundheitszerrüttung oder einen Vermögensschaden von bedeutendem Umfang zur Folge, wird der Täter mit Freiheitsentziehung von einem Jahr bis zu 10 Jahren bestraft.

**Art. 276.** § 1. Wer an einer Verbindung teilnimmt, die die Begehung einer Straftat zum Ziel hat,

wird mit Freiheitsentziehung von 6 Monaten bis zu 5 Jahren bestraft.

§ 2. Hat die Verbindung militanten Charakter, wird der Täter

mit Freiheitsentziehung von einem Jahr bis zu 8 Jahren bestraft.

§ 3. Wer eine im § 1 bzw. 2 bezeichnete Verbindung gründet oder leitet,

wird mit Freiheitsentziehung von 2 bis zu 10 Jahren bestraft.

**Art. 277.** § 1. Straflos für eine in Art. 276 § 1 und 2 bezeichnete Straftat bleibt, wer freiwillig von der Teilnahme an der Verbindung zurücktritt und dem zuständigen Strafverfolgungsorgan die dem Täter bekannten Umstände offenbart, die die Verbindung betreffen, und dadurch ermöglicht, daß der Begehung der beabsichtigten Straftat durch die übrigen an der Verbindung Beteiligten vorgebeugt wird.

§ 2. Das Gericht kann außerordentliche Strafmilderung gegenüber dem Täter einer in Art. 276 bezeichneten Straftat zur Anwendung bringen, der freiwillig von der Teilnahme an der Verbindung zurücktritt und sich bemüht, der Begehung der beabsichtigten Straftat durch die übrigen an der Verbindung Beteiligten vorzubeugen.

**Art. 278.** § 1. Wer an einer Verbindung teilnimmt, deren Existenz, Verfassung oder Ziel vor den Staatsorganen geheim bleiben soll,

wird mit Freiheitsentziehung bis zu 3 Jahren bestraft.

§ 2. Wer eine derartige Verbindung gründet oder leitet,

wird mit Freiheitsentziehung von 6 Monaten bis zu 5 Jahren bestraft.

§ 3. Wer leitende Funktionen in einer Verbindung ausübt, die aufgelöst wurde oder deren Legalisierung abgelehnt wurde,

wird mit Freiheitsentziehung von 6 Monaten bis zu 5 Jahren bestraft.

§ 4. Straflos für eine in § 1 bezeichnete Straftat bleibt, wer von der Teilnahme an der Verbindung freiwillig zurücktritt.

**Art. 279.** Wer eine Versammlung einberuft oder leitet, die eine Straftat bezweckt,

wird mit Freiheitsentziehung von 6 Monaten bis zu 5 Jahren bestraft.

**Art. 280.** § 1. Wer öffentlich zur Begehung einer Straftat aufruft oder diese rühmt,

wird mit Freiheitsentziehung bis zu 5 Jahren bestraft.

§ 2. Handelt es sich bei der in § 1 bezeichneten Tat um ein Verbrechen, so wird der Täter
mit Freiheitsentziehung von einem Jahr bis zu 10 Jahren bestraft.

**Art. 281.** Wer ein Schriftstück, einen Druck oder einen anderen Gegenstand mit einem in Art. 280 bezeichneten Inhalt zum Zwecke der Verbreitung herstellt, verwahrt, transportiert, überbringt oder versendet,
wird mit Freiheitsentziehung bis zu 5 Jahren bestraft.

**Art. 282.** Wer öffentlich zum Ungehorsam oder zu Handlungen aufruft, die dem Gesetz oder einer rechtmäßigen Verordnung eines Staatsorganes zuwiderlaufen,
wird mit Freiheitsentziehung bis zu 2 Jahren, Freiheitsbeschränkung oder Geldstrafe bestraft.

**Art. 283.** § 1. Wer auf dem Gebiete der Polnischen Volksrepublik einen tätlichen Überfall begeht auf eine Person, die eine leitende Stellung in einem ausländischen Staate innehat, auf einen bei der Polnischen Volksrepublik akkreditierten Chef der diplomatischen Vertretung eines ausländischen Staates oder auf eine Person, die aufgrund von Gesetzen, Abkommen oder allgemein festgelegter internationaler Gebräuche einen ähnlichen Schutz genießt,
wird mit Freiheitsentziehung von einem Jahr bis zu 10 Jahren bestraft.

§ 2. Wer auf dem Gebiete der Polnischen Volksrepublik einen tätlichen Überfall begeht auf eine Person, die dem Personal der diplomatischen Vertretung eines ausländischen Staates angehört, oder auf den Konsul eines ausländischen Staates in Verbindung mit der Ausübung seiner Dienstobliegenheiten,
wird mit Freiheitsentziehung von 6 Monaten bis zu 5 Jahren bestraft.

§ 3. Wer auf dem Gebiete der Polnischen Volksrepublik eine in § 1 bzw. 2 bezeichnete Person beleidigt,
wird mit Freiheitsentziehung bis zu 3 Jahren bestraft.

**Art. 284.** § 1. Wer öffentlich ausgestellte Wappen, Stander, Fahnen, Flaggen, Banner, andere polnische Staatszeichen oder diejenigen eines verbündeten Staates oder Symbole der internationalen Arbeiterbewegung schmäht, beschädigt, oder beseitigt,
wird mit Freiheitsentziehung bis zu 3 Jahren bestraft.

§ 2. Wer ein Denkmal oder ein anderes öffentlich zum Zwecke der Vergegenwärtigung eines historischen Ereignisses oder der Ehrung einer Person aufgestelltes Werk schändet,
wird mit Freiheitsentziehung bis zu 2 Jahren, Freiheitsbeschränkung oder Geldstrafe bestraft.

**Art. 285.** Wer auf dem Gebiete der Polnischen Volksrepublik Wappen, Stander, Fahnen, Flaggen oder Banner eines ausländischen Staates, die durch dessen Vertretung oder auf Anordnung eines polnischen Staatsorgans öffentlich ausgestellt wurden, schmäht, beschädigt oder beseitigt,

wird mit Freiheitsentziehung bis zu 2 Jahren, Freiheitsbeschränkung oder Geldstrafe bestraft.

**Art. 286.** Wer ohne die erforderliche Genehmigung Schußwaffen oder Munition besitzt oder herstellt, wird mit Freiheitsentziehung bis zu 5 Jahren bestraft.

**Art. 287.** Wer ohne die erforderliche Genehmigung ein Rundfunk-Sendegerät herstellt oder besitzt, wird mit Freiheitsentziehung bis zu 3 Jahren bestraft.

**Art. 288.** § 1. Wer ohne die erforderliche Genehmigung die Grenze der Polnischen Volksrepublik überschreitet,

wird mit Freiheitsentziehung bis zu 5 Jahren bestraft.

§ 2. In Fällen von geringerer Bedeutung wird der Täter

mit Freiheitsentziehung bis zu einem Jahr Freiheitsbeschränkung oder Geldstrafe bestraft.

## MILITÄRISCHER TEIL

### KAPITEL XXXVII

### Allgemeine Bestimmungen betreffend Soldaten

**Art. 289.** § 1. Die Bestimmungen des Allgemeinen und des Besonderen Teils dieses Kodex finden auf Soldaten Anwendung, sofern der Militärische Teil keine abweichenden Bestimmungen enthält.

§ 2. Soldat ist eine Person, die im aktiven Militärdienst steht.

**Art. 290.** § 1. Keine Straftat begeht ein Soldat, der in Ausführung eines Befehls eine verbotene Tat ausführt, es sei denn, daß er weiß oder zumindest in Kauf nimmt, daß er in Ausführung des Befehls eine Straftat begeht.

§ 2. In dem in § 1 bezeichneten Falle haftet derjenige als Täter, der den Befehl erteilt hat.

§ 3. Befehl ist ein einem Soldaten dienstlich durch den Vorgesetzten oder einen berechtigten dienstgradälteren Soldaten erteilter Auftrag, in bestimmter Weise zu handeln oder zu unterlassen.

**Art. 291.** § 1. Keine Straftat begeht ein Soldat, der im Falle des Ungehorsams oder des Widerstandes die zur Erzwingung des Gehorsams für einen Befehl, zu dem er berechtigt war, notwendigen Maßnahmen und in einer Kampfsituation sogar Waffengewalt gegenüber einem Soldaten zur Anwendung bringt, der den Gehorsam verweigert, Waffen fortwirft oder eigenmächtig seinen Standort verläßt, wenn die Umstände sofortige Gegenmaßregeln erfordern und andere Maßnahmen unzulänglich sind.

§ 2. Im Falle der Überschreitung der Grenzen des Notstandes kann das Gericht außerordentliche Strafmilderung zur Anwendung bringen.

**Art. 292.** § 1. Auf Soldaten finden die Bestimmungen der Art. 27 § 2, Art. 33—35, Art. 88 und die in Art. 116 vorgesehenen Beschränkungen keine Anwendung

§ 2. Die Bestimmungen über Jugendliche finden auf Soldaten Anwendung, die im Zeitpunkt der Tat das 18. und im Zeitpunkt der Urteilsfällung das 21. Lebensjahr noch nicht vollendet haben.

§ 3. Die bedingte Einstellung des Verfahrens findet einem Soldaten gegenüber keine Anwendung, wenn die Straftat mit einer Strafe bedroht ist, deren untere Grenze über 3 Monaten Freiheitsentziehung liegt mit Ausnahme der in Art. 246 § 1 bezeichneten Straftat.

§ 4. Bei Anwendung der bedingten Einstellung des Verfahrens gegenüber einem Soldaten ist es statthaft, sich an den zuständigen Befehlshaber zwecks Verhängung einer in den militärischen Disziplinarvorschriften vorgesehenen Strafe zu wenden.

§ 5. In dem in Art. 9 § 3 vorgesehenen Falle kann das Gericht anstelle der Verhängung von Erziehungs- bzw. Besserungsmaßregeln, von denen in dieser Bestimmung gesprochen wird, die Sache an den zuständigen Befehlshaber verweisen zwecks Verhängung einer in den militärischen Disziplinarvorschriften vorgesehenen Strafe.

**Art. 293.** § 1. Ist eine Straftat mit einer Freiheitsentziehungsstrafe bedroht, die 5 Jahre nicht übersteigt, und würde die hierfür zuzumessende Strafe 2 Jahre Freiheitsentziehung nicht übersteigen, so kann das Gericht gegenüber einem Soldaten oder einer militärdienstpflichtigen Person die Hauptstrafe der Militärhaft verhängen.

§ 2. Die Strafe der Militärhaft dauert mindestens 3 Monate und höchstens 2 Jahre; sie wird in Jahren und in Monaten zugemessen.

§ 3. Die Strafe der Militärhaft wird in einer hierfür bestimmten Strafanstalt verbüßt; während der Dauer der Verbüßung der Strafe unterliegt der Verurteilte der militärischen Schulung und ist zur Arbeit bzw. zum Lernen sowie zur Einhaltung der Anstaltsordnung verpflichtet.

§ 4. Darüber hinaus ist stets dann, wenn die Bestimmungen des Allgemeinen Teils dieses Kodex den Begriff Freiheitsentziehungsstrafe benutzen, hierunter jeweils auch die Strafe der Militärhaft zu verstehen.

**Art. 294.** § 1. Erkennt das Gericht, daß die Militärhaft im Falle ihrer Verhängung 6 Monate nicht übersteigen würde, kann es gegenüber einem Offizier, Fähnrich sowie jedem Soldaten des Berufs-, Zeit- oder Überfristdienstes eine Freiheitsbeschränkungsstrafe anwenden.

§ 2. Die Freiheitsbeschränkungsstrafe dauert mindestens einen Monat, höchstens ein Jahr; unterhalb eines Jahres wird sie in Monaten zugemessen.

§ 3. Während der Verbüßung der Freiheitsbeschränkungsstrafe hat der Verurteilte:

1. sich in der Zeit von der Beendigung der Dienstaufgaben bis zum Zapfenstreich für die Dauer von 2 Tagen in der Woche und darüber hinaus in der Zeit vom Wecken bis zum Zapfenstreich an jedem arbeitsfreien Tage an dem bestimmten Orte aufzuhalten;
2. kein Recht zur Wahrnehmung von Funktionen innerhalb der in der Armee tätigen gesellschaftlichen Organisationen;

3. nicht die Möglichkeit, in einen höheren militärischen Rang noch auf eine höhere dienstliche Stellung befördert zu werden;
4. keinen Erholungsurlaub.

§ 4. Bei der Zumessung der Freiheitsbeschränkungsstrafe kann das Gericht:

1. eine Kürzung von 10 bis zu 25 % des Soldes zugunsten des Staates oder für einen gerichtlich zu bezeichnenden gesellschaftlichen Zweck anordnen;
2. den Verurteilten zur Wiedergutmachung des durch die Straftat zugefügten Schadens ganz oder teilweise verpflichten;
3. dem Verurteilten die Verpflichtung auferlegen, sich beim Geschädigten zu entschuldigen.

**Art. 295.** Als Nebenstrafen finden gegenüber Soldaten außer der in Art. 38 genannten Strafen auch die Degradierung und die Herabsetzung des militärischen Ranges Anwendung.

**Art. 296.** § 1. Die Degradierung umfaßt den Verlust des innegehabten militärischen Ranges und Rückführung in den Rang des Liniensoldaten.

§ 2. Das Gericht kann die Degradierung im Falle der Verurteilung eines Soldaten für ein Verbrechen oder ein vorsätzliches Vergehen anordnen, wenn die Umstände und die Art der Tat dies erfordern.

**Art. 297.** § 1. Die Herabsetzung des militärischen Ranges umfaßt den Verlust des innegehabten Ranges unter Rückführung in den unmittelbar niedrigeren Rang im Bereiche des Offiziers-, Fähnrichs- bzw. Unteroffizierskorps.

§ 2. Die Herabsetzung des militärischen Ranges kann gerichtlich angeordnet werden im Falle der Verurteilung für ein Vergehen, wenn die Umstände und die Art der Tat dies erfordern.

**Art. 298.** Bei der Anwendung der Bestimmung des Art. 55 auf einen Soldaten kann das Gericht sich auch mit der Verhängung der Strafe der Degradierung oder Herabsetzung des militärischen Ranges begnügen.

**Art. 299.** § 1. Im Falle einer Verurteilung für konkurrierende Straftaten sowohl zur Strafe des Verlustes der öffentlichen Rechte als auch zur Strafe der Degradierung bzw. Herabsetzung des militärischen Ranges erkennt das Gericht bei der Gesamtstrafenbildung lediglich auf Verlust der öffentlichen Rechte.

§ 2. Im Falle einer Verurteilung für konkurrierende Straftaten sowohl zur Strafe der Degradierung als auch zur Strafe der Herabsetzung des militärischen Ranges erkennt das Gericht bei der Gesamtstrafenbildung lediglich auf Degradierung.

**Art. 300.** § 1. Bei der Auferlegung der in Art. 28 § 2 bzw. in Art. 75 § 2 vorgesehenen Verpflichtungen auf einen Soldaten sind die Bedingungen des Militärdienstes zu berücksichtigen.

§ 2. Die in Art. 76 § 1 vorgesehene Bürgschaft kann auch durch ein Soldatenkollektiv übernommen werden.

§ 3. Bei der Anwendung der Bestimmung des Art. 76 § 2 gegenüber einem Soldaten hat das Gericht ihn der Aufsicht desjenigen Vorgesetzten zu unterstellen, der die Ausübung der Aufsichtsfunktion einem Soldatenkollektiv anvertrauen kann.

**Art. 301.** § 1. Das Gericht kann einem Soldaten des Grundwehrdienstes sowie einer zur Ausübung dieses Dienstes einberufenen Person die Vollstreckung einer Freiheitsentziehungsstrafe bis zu 6 Monaten sowie einer Freiheitsbeschränkungsstrafe bis zur Beendigung des Dienstes aussetzen.

§ 2. Das Gericht kann die Vollstreckung der ausgesetzten Strafe der Freiheitsentziehung anordnen, wenn der Soldat während der Dauer der Aussetzung gröblich die Rechtsordnung oder die Grundsätze der militärischen Disziplin verletzt.

§ 3. Nach Anhörung des Befehlshabers der Einheit oder der Stellungnahme des Soldatenkollektivs, die vom gleichen Befehlshaber vorzutragen ist, kann das Gericht Befreiung von einer Freiheitsbeschränkungsstrafe oder einer Freiheitsentziehungsstrafe bis zu 6 Monaten gewähren, falls die Aussetzung mindestens 6 Monate gedauert hat und der Soldat sich in dieser Zeit in besonderer Weise dienstlich ausgezeichnet hat.

§ 4. Die Strafbefreiung im Sinne des § 3 hat kraft Gesetzes die Tilgung der Verurteilung zur Folge.

**Art. 302.** Gegenüber einem Soldaten des Grundwehrdienstes, der wegen einer während der Dauer dieses Dienstes begangenen Straftat zu einer Freiheitsentziehungsstrafe bis zu einem Jahr, zu einer Geldstrafe oder zu einer Nebenstrafe auf Grund von Art. 55 verurteilt wurde, kann das Gericht die Straftilgung bei seiner Versetzung in die Reserve anordnen, vorausgesetzt, daß die Strafe vollstreckt wurde.

## KAPITEL XXXVIII

## Straftaten gegen die Pflicht zur Erfüllung des Militärdienstes

**Art. 303.** § 1. Ein Soldat, der eigenmächtig seine Einheit oder den ihm zugewiesenen Aufenthaltsort für die Dauer von mehr als zwei Kalendertagen verläßt oder sich während der gleichen Zeitdauer außerhalb derselben aufhält,

wird mit Freiheitsentziehung bis zu 2 Jahren bestraft.

§ 2. In gleicher Weise wird ein Soldat bestraft, der eigenmächtig seine Einheit oder den ihm zugewiesenen Aufenthaltsort für die

Dauer von weniger als zwei Kalendertagen verläßt oder sich während der gleichen Zeitdauer außerhalb derselben aufhält, wenn er bereits früher für eigenmächtige Entfernung verurteilt oder während der letzten 6 Monate für die gleiche Tat disziplinarisch mit Haft bestraft wurde.

§ 3. Ein Soldat, der eigenmächtig seine Einheit oder den ihm zugewiesenen Aufenthaltsort für die Dauer von mehr als 14 Kalendertagen verläßt oder sich während der gleichen Zeitdauer außerhalb derselben aufhält,

wird mit Freiheitsentziehung von 6 Monaten bis zu 5 Jahren bestraft.

§ 4. Ein Soldat, der eine in § 3 bezeichnete Tat unter Mitnahme von Waffen begeht,

wird mit Freiheitsentziehung von einem Jahr bis zu 8 Jahren bestraft.

§ 5. Die Verfolgung der in §§ 1 und 2 bezeichneten Straftaten findet auf Antrag des Befehlshabers der Einheit statt.

§ 6. Die Bestimmungen der §§ 1—4 finden auf Offiziere und Fähnriche sowie auf Soldaten des Berufs-, Zeit- oder Überfristdienstes keine Anwendung.

**Art. 304.** § 1. Ein Soldat, der in der Absicht, sich für dauernd dem Wehrdienst zu entziehen, seine Einheit oder den ihm zugewiesenen Aufenthaltsort verläßt, oder sich zu diesem Zweck außerhalb derselben aufhält,

wird mit Freiheitsentziehung von 2 bis zu 10 Jahren bestraft.

§ 2. Begeht der Täter Fahnenflucht unter Mitnahme von Waffen oder gemeinsam mit einem anderen Soldaten,

wird er mit Freiheitsentziehung von mindestens 3 Jahren bestraft.

§ 3. Der in § 2 vorgesehenen Strafe unterliegt ein Soldat, der Fahnenflucht in der Absicht der Flucht ins Ausland begeht oder der diese Absicht während der Dauer der Fahnenflucht ausführt oder der es während seines Auslandaufenthaltes unterläßt, ins Inland zurückzukehren.

**Art. 305.** Ein Soldat, der die Erfüllung des Militärdienstes oder der sich aus diesem ergebenden Pflichten verweigert,

wird mit Freiheitsentziehung von 6 Monaten bis zu 5 Jahren bestraft.

**Art. 306.** Ein Soldat, der zum Zwecke der vollständigen oder teilweisen Entziehung vom Militärdienst oder von den sich hieraus ergebenden Pflichten:

1. sich eine Körperverletzung oder eine Gesundheitszerrüttung zufügt oder es zuläßt, daß ein anderer ihm diese zufügt, bzw.

2. einen arglistigen Eingriff vornimmt, um ein Militärorgan zu täuschen,

wird mit Freiheitsentziehung von 6 Monaten bis zu 8 Jahren bestraft.

**Art. 307.** Ein Soldat, der zur Begehung einer in den Art. 304 bzw. 306 bezeichneten Straftat Vorbereitungshandlungen unternimmt,

wird mit Freiheitsentziehung bis zu 3 Jahren bestraft.

**Art. 308.** Kehrt der Täter einer in Art. 303 §§ 3 bzw. 4 oder in Art. 304 bezeichneten Straftat freiwillig zurück, wobei seine Abwesenheit nicht länger als 14 Kalendertage gedauert hat, kann das Gericht außerordentliche Strafmilderung zur Anwendung bringen.

## KAPITEL XXXIX

## Straftaten gegen die Grundsätze der Militärdisziplin

**Art. 309.** § 1. Ein Soldat, der die Erfüllung eines Befehls unterläßt oder verweigert oder ihn abweichend von seinem Inhalt zur Ausführung bringt,

wird mit Freiheitsentziehung bis zu 5 Jahren bestraft.

§ 2. Die Verfolgung findet auf Antrag des Befehlshabers der Einheit statt.

**Art. 310.** Ein Soldat, der die in Art. 309 § 1 bezeichnete Straftat in einer Kampfsituation begeht,

wird mit Freiheitsentziehung von mindestens 5 Jahren oder mit der Todesstrafe bestraft.

**Art. 311.** § 1. Ein Soldat, der einen tätlichen Überfall auf einen Vorgesetzten begeht,

wird mit Freiheitsentziehung von 6 Monaten bis zu 8 Jahren bestraft.

§ 2. Begeht der Täter den tätlichen Überfall auf einen Vorgesetzten im Zusammenhang mit der Ausübung von dienstlichen Obliegenheiten durch diesen,

wird er mit Freiheitsentziehung von einem Jahr bis zu 10 Jahren bestraft.

§ 3. Begeht der Täter eine der in den §§ 1 bzw. 2 bezeichneten Taten bei Gebrauch einer Waffe oder eines anderen gefährlichen Gegenstandes oder hat der tätliche Überfall eine Körperverletzung oder die Zerrüttung der Gesundheit des Vorgesetzten zur Folge,

wird er mit Freiheitsentziehung von mindestens 2 Jahren bestraft.

**Art. 312.** § 1. Ein Soldat, der gewaltsam oder mittels rechtswidriger Drohung einen Vorgesetzten bei der Ausübung einer Diensthandlung zu behindern oder ihn zur Vornahme oder Unterlassung einer Diensthandlung zu zwingen sucht,

wird mit Freiheitsentziehung von 6 Monaten bis zu 5 Jahren bestraft.

§ 2. In gleicher Weise wird ein Soldat bestraft, der eine in § 1 bezeichnete Tat gegenüber einem Soldaten begeht, der dem Vorgesetzten zur Hilfe entsandt wird oder diesem Hilfe leistet.

**Art. 313.** Ein Soldat, der eine in Art. 309 § 1, Art. 311 § 1 bzw. 2 oder in Art. 312 bezeichnete Tat gemeinsam mit anderen Soldaten oder in Anwesenheit versammelter Soldaten begeht,

wird mit Freiheitsentziehung von 2 bis zu 10 Jahren bestraft.

**Art. 314.** Der in Art. 309 § 1, Art. 311 § 1 bzw. Art. 312 vorgesehenen Strafe unterliegt ein Soldat, der mit anderen Soldaten zwecks Begehung einer in diesen Vorschriften bestimmten Straftat ins Benehmen tritt.

**Art 315.** § 1. Ein Soldat, der einen Vorgesetzten beleidigt oder ihm gegenüber seine Mißachtung durch Gesten, Worte oder in anderer Weise bekundet,

wird mit Freiheitsentziehung bis zu 3 Jahren bestraft.

§ 2. Die Verfolgung findet auf Antrag des Befehlshabers oder des Geschädigten statt.

**Art. 316.** Der in den Art. 311—315 vorgesehenen Strafe unterliegt ein Soldat, der eine in diesen Vorschriften bezeichnete Tat gegenüber einem ranghöheren oder gleichrangigen Soldaten im Zusammenhang mit der Ausübung von Dienstobliegenheiten durch diesen unternimmt.

**Art. 317.** Die Bestimmungen dieses Kapitels finden entsprechende Anwendung, falls die Tat gegenüber einem Soldaten eines verbündeten Staates begangen wird.

**Art. 318.** Ein Soldat, der durch sein Benehmen die Ehre des Militärs oder die Würde der Uniform verletzt,

wird mit Freiheitsentziehung bis zu 3 Jahren bestraft.

## KAPITEL XL

### Straftaten gegen die Grundsätze des Verhaltens gegenüber Untergebenen

**Art. 319.** Ein Soldat, der seine Befugnisse in der Absicht mißbraucht, einem Untergebenen oder einem Dienstgradjüngeren Beschwernisse zuzufügen,

wird mit Freiheitsentziehung bis zu 5 Jahren bestraft.

**Art. 320.** Ein Soldat, der einen Untergebenen oder einen Dienstgradjüngeren während seiner oder dessen Dienstausübung oder in Gegenwart anderer Soldaten beleidigt,

wird mit Freiheitsentziehung bis zu 3 Jahren bestraft.

**Art. 321.** Ein Soldat, der einen Untergebenen oder einen Dienstgradjüngeren schlägt oder dessen körperliche Integrität in anderer Weise verletzt,

wird mit Freiheitsentziehung bis zu 5 Jahren bestraft.

## KAPITEL XLI

### Straftaten gegen die Grundsätze der Behandlung von militärischen Ausrüstungsgegenständen und Geräten

**Art. 322.** § 1. Ein Soldat, der militärische Ausrüstung, Munition, Sprengstoffe oder andere Kampfmittel unvorsichtig behandelt oder gebraucht und dadurch fahrlässig die Verletzung des Körpers eines Menschen verursacht,

wird mit Freiheitsentziehung bis zu 5 Jahren bestraft.

§ 2. Hat die Tat den Tod eines Menschen zur Folge, wird der Täter mit Freiheitsentziehung von einem Jahr bis zu 10 Jahren bestraft.

**Art. 323.** § 1. Ein Soldat, der bei der Führung eines bewaffneten Kraftfahrzeuges die Grundsätze der Sicherheit im Verkehr zu Lande, zu Wasser oder in der Luft wenn auch nur fahrlässig verletzt und dadurch eine Körperverletzung oder Gesundheitszerrüttung bei einer anderen Person oder einen ernsten Vermögensschaden verursacht,

wird mit Freiheitsentziehung bis zu 5 Jahren bestraft.

§ 2. Hat die Verletzung der Sicherheitsvorschriften im Verkehr den Tod, eine schwere Körperverletzung oder eine schwere Gesundheitszerrüttung einer anderen Person zur Folge, wird der Täter

mit Freiheitsentziehung von 6 Monaten bis zu 8 Jahren bestraft.

§ 3. Unternimmt der Täter eine in den §§ 1 bzw. 2 bezeichnete Straftat im Zustande der Trunkenheit,

wird er mit Freiheitsentziehung von einem Jahr bis zu 10 Jahren bestraft.

**Art. 324.** Ein Soldat, der bei der Führung eines Militärflugzeugs oder Kriegsschiffes die Grundsätze der Sicherheit im Verkehr in der Luft oder zu Wasser, wenn auch nur fahrlässig verletzt, und die unmittelbare Gefahr des Eintritts einer in Art. 323 bezeichneten Folge verursacht,

wird mit Freiheitsentziehung bis zu 3 Jahren bestraft.

## KAPITEL XLII

## Straftaten gegen die Grundsätze der Dienstausübung

**Art. 325.** § 1. Ein zum Dienst eingeteilter Soldat, der seine sich aus einer Vorschrift oder einer die Dienstausübung regelnden Anordnung ergebende Pflicht verletzt,

wird mit Freiheitsentziehung bis zu 3 Jahren bestraft.

§ 2. Hat die Tat einen Schaden zur Folge, der durch die Diensteinteilung verhindert werden sollte, wird der Täter

mit Freiheitsentziehung von einem Jahr bis zu 10 Jahren bestraft.

§ 3. Die Verfolgung einer in § 1 bezeichneten Straftat findet auf Antrag des Befehlshabers der Einheit statt.

**Art. 326.** § 1. Ein Soldat, der in einem dienstlichen Rapport, einer solchen Meldung oder einem solchen Bericht über Umstände falsche Angaben macht, die von dienstlicher Bedeutung sind,

wird mit Freiheitsentziehung bis zu 3 Jahren bestraft.

§ 2. Ebenso wird bestraft ein Vorgesetzter, der auf dem Dienstweg die in § 1 bezeichneten Rapporte, Meldungen oder Berichte weiterleitet ohne sie richtigzustellen, obwohl ihm die Unwahrheit der darin enthaltenen Nachricht bekannt ist.

**Art. 327.** § 1. Ein Soldat, der sich während seines Dienstes oder nach seiner Diensteinteilung in einen Zustand der Unfähigkeit der Ausübung seiner Dienstobliegenheiten versetzt,

wird mit Freiheitsentziehung bis zu 3 Jahren bestraft.

§ 2. Die Verfolgung findet auf Antrag des Befehlshabers der Einheit statt.

## KAPITEL XLIII

## Straftaten gegen das Militärvermögen

**Art. 328.** § 1. Ein Soldat, der über einen zu seiner Ausstattung gehörenden Gegenstand eigenmächtig verfügt, insbesondere einen derartigen Gegenstand einer anderen Person veräußert, verpfändet oder verleiht,

wird mit Freiheitsentziehung bis zu 2 Jahren bestraft.

§ 2. Die Verfolgung findet auf Antrag des Befehlshabers der Einheit statt.

**Art. 329.** § 1. Ein Soldat, der eigenmächtig über Waffen oder andere Kampfmittel verfügt,

wird mit Freiheitsentziehung von 6 Monaten bis zu 5 Jahren bestraft.

§ 2. Ein Soldat, der eigenmächtig militärische Waffen oder andere Kampfmittel wegnimmt,

wird mit Freiheitsentziehung von einem Jahr bis zu 10 Jahren bestraft.

**Art. 330.** § 1. Ein Soldat, der eigenmächtig ein Militärflugzeug oder ein Kriegsschiff zu Zwecken benutzt, die in keinem Zusammenhang mit dem Dienst stehen,

wird mit Freiheitsentziehung bis zu 3 Jahren bestraft.

§ 2. Ebenso bestraft wird ein Soldat, der eigenmächtig ein militärisches Kraftfahrzeug zum Nachteil dienstlicher Interessen oder in der Absicht der Erlangung von Vermögensvorteilen benutzt.

**Art. 331.** Ein Soldat, der fahrlässig in seinem Besitz stehende Dienstwaffen verliert,

wird mit Freiheitsentziehung bis zu 3 Jahren bestraft.

# GESETZ

## vom 19. April 1969

## Einführungsbestimmungen zum Strafkodex*

### KAPITEL I

### Allgemeine Bestimmungen

**Art. I.** Der Strafkodex tritt am 1. Januar 1970 in Kraft.

**Art. II.** § 1. Mit dem Tage des Inkrafttretens des Strafkodex treten alle bisherigen Vorschriften in dem durch diesen Kodex geregelten Umfange außer Kraft, es sei denn, daß in den nachfolgenden Bestimmungen Abweichungen vorgesehen sind.

§ 2. Insbesondere treten die in den nachfolgenden Artikeln bezeichneten Vorschriften außer Kraft.

**Art. III.** Soweit sich dieses Gesetz auf bisherige Vorschriften beruft, sind hierunter die Vorschriften bei Berücksichtigung aller Änderungen und Ergänzungen zu verstehen, die vor dem Tage des Inkrafttretens dieses Gesetzes erfolgt sind.

**Art. IV.** Es werden aufgehoben:

1. Der Strafkodex — Verordnung des Präsidenten der Republik vom 11. Juli 1932 (DzU Nr. 60, Pos. 571);[1]
2. Einführungsbestimmungen zum Strafkodex und Recht der Übertretungen — Verordnung des Präsidenten der Republik vom vom 11. Juli 1932 (DzU Nr. 60, Pos. 573);[2]
3. Strafkodex des Polnischen Militärs — Dekret vom 23. September 1944 (DzU 1957 Nr. 22, Pos. 107);[3]

---

* DzUPRL v. 14. Mai 1969 Nr. 13, Pos. 95.

[1] Deutsche Übersetzung: Das polnische Strafgesetzbuch mit der Verordnung betr. die Übertretungen und den Einführungsvorschriften, übersetzt und eingeleitet von *J. A. Chodzidlo*, hrsg.: Osteuropa-Institut Breslau. Heymann-Verl. Bln. 1940, 125 S.

[2] Wie Fußn. 1.

[3] Deutsche Übersetzung in: *Geilke, G.*, Die polnische Strafgesetzgebung seit 1944, Sammlung Außerdeutscher Strafgesetzbücher in deutscher Übersetzung, Bd. 70 (Verl. de Gruyter & Co, Bln. 1955, 141 S. (fortab: SASt Bd. 70), hier: S. 20.

4. Einführungsbestimmungen zum Strafkodex des Polnischen Militärs — Dekret vom 23. September 1944 (DzU 1957 Nr. 22, Pos. 108).

**Art. V.** § 1. Aufgehoben werden alle vor dem 5. September 1939[4] erlassenen Sondergesetze und anderen Rechtsnormen mit Gesetzeskraft, die Bestimmungen enthalten, welche eine strafrechtliche Verantwortlichkeit für Straftaten vorsehen.

§ 2. Die Bestimmung des § 1 findet keine Anwendung auf:

1. Verordnungen des Präsidenten der Republik vom 22. März 1928 über die Kontrolle von Lebensmitteln und Bedarfsgegenständen (DzU Nr. 36, Pos. 343);
3. Verordnung des Präsidenten der Republik vom 22. März 1928 über die Untersuchung von Schlachtvieh und Fleisch (DzU 1933 Nr. 60, Pos. 454);
2. Verordnung des Präsidenten der Republik vom 22. März 1928 über den Tierschutz (DzU 1932 Nr. 42, Pos. 417);
4. Bestimmungen der Verordnung des Präsidenten der Republik vom 27. Juni 1934 — Handelskodex (DzU Nr. 57, Pos. 502);[5]

Für den Bereich der Außenhandelsbeziehungen haben ferner die Art. 518 bis 524 und 531 ihre Geltungskraft beibehalten.

5. Gesetz vom 28. April 1936 — Scheckrecht (DzU Nr. 37, Pos. 283).

**Art. VI.** Aufgehoben werden:

1. Dekret vom 13. Januar 1945 über die Außerkurssetzung der UdSSR-Währung innerhalb des polnischen Staatsgebietes (DzU Nr. 2, Pos. 5);
2. Dekret vom 10. August 1945 über die Registrierung der Bediensteten des Gesundheitsdienstes (DzU Nr. 43, Pos. 235);
3. Dekret vom 22. Januar 1946 über die Verantwortlichkeit für die Septemberniederlage und die Faschisierung des Staatslebens (DzU Nr. 5, Pos. 46);[6]
4. Dekret vom 13. Juni 1946 über die im Stadium des Wiederaufbaus des Staates besonders gefährlichen Delikte (DzU Nr. 30, Pos. 192);[7]
5. Dekret vom 5. September 1946 über die Registrierung und Dienstverpflichtung von technischen Fachkräften auf dem Ge-

---

[4] Dies ist der Tag nach dem deutschen Einmarsch in Polen, an dem das polnische Gesetzblatt (DzU) letztmalig erschienen ist.

[5] Der Handelskodex wurde durch Art. VI des Einführungsgesetzes zum Zivilkodex v. 23. 4. 1964 (DzU Nr. 16, Pos. 94) grundsätzlich aufgehoben mit Ausnahme der Vorschriften über die OHG, die GmbH und AG sowie die diesbezüglichen Vorschriften über Firma, Prokura und Handelsregister.

[6] Deutsche Übersetzung: SASt Bd. 70, S. 83;

[7] Deutsche Übersetzung: SASt Bd. 70, S. 24;

biete des Bauwesens beim Wiederaufbau des Landes (DzU Nr. 47, Pos. 266);

6. Dekret vom 22. Oktober 1947 über den Vermögensverfall (DzU Nr. 65, Pos. 390);[8]
7. Dekret vom 25. Oktober 1948 über die Rekonstruktion und Ordnung der militärischen Evidenz der Personalbestände (DzU Nr. 50, Pos. 390);
8. Dekret vom 5. August 1949 über den Schutz der Freiheit des Gewissens und der Religion (DzU Nr. 45, Pos. 334);[9]
9. Dekret vom 26. Oktober 1949 über den Schutz des Staats- und Dienstgeheimnisses (DzU Nr. 55, Pos. 437);[10]
10. Dekret vom 4. März 1953 zur verstärkten Bekämpfung der qualitativ schlechten Erzeugung (DzU Nr. 16, Pos. 63);[11]
11. Gesetz vom 29. Mai 1957 über die bedingte Entlassung von Personen, die eine Freiheitsentziehungsstrafe verbüßen (DzU 1961 Nr. 58, Pos. 321);
12. Gesetz vom 18. Juni 1959 über die strafrechtliche Verantwortlichkeit für Straftaten gegen das Gesellschaftseigentum (DzU Nr. 36, Pos. 228).

## KAPITEL II

### Änderung geltender Bestimmungen

**Art. VII.** Aufgehoben wird:

1. Art. 7 des Dekrets vom 12. Dezember 1944 zur Übernahme einiger Wälder in das Eigentum des Staates (DzU Nr. 15, Pos. 82);[12]
2. Art. 8 und 10 des Dekrets betr. die Arbeitsämter vom 2. August 1945 (DzU Nr. 30, Pos. 182);
3. Art. 9 des Gesetzes vom 3. Januar 1946 zur Übernahme der Grundzweige der nationalen Wirtschaft in das Eigentum des Staates (DzU Nr. 3, Pos. 17);[13]
4. Art. 11 des Dekrets vom 8. März 1946 über die verlassenen und vormals deutschen Vermögen (DzU Nr. 13, Pos. 87);[14]
5. Art. 16 und 38—40 des Dekrets vom 6. September 1946 über Agrarverfassung und Siedlungswesen in den Wiedergewonne-

---

[8] Deutsche Übersetzung: SASt Bd. 70, S. 75;

[9] Deutsche Übersetzung: SASt Bd. 70, S. 48;

[10] Deutsche Übersetzung: SASt Bd. 70, S. 44;

[11] Deutsche Übersetzung: SASt Bd. 70, S. 40;

[12] Deutsche Übersetzung: Dokumentation der Vertreibung der Deutschen aus Ost- und Mitteleuropa, Bd. I/3, Hayn's Erben Bln. 1960, S. 24.

[13] Ebenda, S. 97.

[14] Ebenda, S. 126.

nen Gebieten und im Gebiet der ehemaligen Freien Stadt Danzig (DzU Nr. 49, Pos. 279);[15]

6. Art. 10 des Dekrets vom 15. November 1946 zur Beschlagnahme des Vermögens von Staaten, die in den Jahren 1939—1945 in den Kriegszustand zu Polen getreten sind, sowie des Vermögens juristischer Personen und Angehöriger dieser Staaten und die Zwangsverwaltung dieser Vermögenswerte (DzU Nr. 62, Pos. 342);[16]
7. Art. 7 des Dekrets vom 5. September 1947 betr. den Übergang des zurückgelassenen Vermögens der Umsiedler nach der UdSSR in das Eigentum des Staates (DzU Nr. 59, Pos. 318);
8. Art. 12 des Gesetzes vom 20. März 1950 zur Übernahme des Vermögens zur Toten Hand durch den Staat nebst Garantie des landwirtschaftlichen Besitzstandes der Pfarrer sowie Bildung des Kirchenfonds (DzU Nr. 9, Pos. 87);
9. Art. 13 und 14 des Gesetzes vom 8. Januar 1951 zur Übernahme der Apotheken in Staatseigentum (DzU Nr. 1, Pos. 1);
10. Art. 12 des Dekrets vom 6. September 1951 zum Schutz und zur Regelung des Siedlereigentums an Landwirtschaften in den Wiedergewonnenen Gebieten (DzU Nr. 46, Pos. 340);
11. Art. 30 des Dekrets vom 23. März 1956 zum Schutz der Staatsgrenzen (DzU Nr. 9, Pos. 51);
12. Art. 3—5 des Gesetzes vom 27. April 1956 über die Bedingungen für die Zulassung der Schwangerschaftsunterbrechung (DzU Nr. 12, Pos. 61);
13. Art. 1—6, 8—11, 16 sowie 18—20 des Gesetzes vom 13. Juli 1957 zur Bekämpfung der Spekulation und zum Schutz der Interessen der landwirtschaftlichen Konsumenten und Produzenten im Handelsumsatz (DzU Nr. 39, Pos. 171);
14. Art. 1 und 2 des Gesetzes vom 21. Januar 1958 zur Erhöhung des Schutzes des gesellschaftlichen Vermögens vor Folgeschäden strafbarer Handlungen (DzU Nr. 4, Pos. 11);
15. Art. 1—4 des Gesetzes vom 22. Mai 1958 zur Verschärfung der strafrechtlichen Verantwortlichkeit für Hooliganismus (DzU Nr. 34, Pos. 152);
16. Art. 22—24 und 29—31 des Gesetzes vom 10. Dezember 1959 zur Bekämpfung des Alkoholismus (DzU Nr. 69, Pos. 434);
17. Art. 34 des Gesetzes vom 14. Juni 1960 zur Bewirtschaftung von Wäldern und Ödflächen, die kein staatliches Eigentum bilden, und von einigen staatlichen Wäldern und Ödflächen (DzU Nr. 29, Pos. 166).

---

[15] Ebenda, S. 282.

[16] Ebenda, S. 314.

**Art. VIII.** Wer es veranlaßt, daß eine andere Person in den Zustand der Sklaverei versetzt wird oder wer Sklavenhandel betreibt,

wird mit Freiheitsentziehung von mindestens 3 Jahren bestraft.

**Art. IX.** § 1. Wer eine andere Person, sei es auch mit deren Einverständnis, zur Ausübung der Unzucht heranschafft, heranlockt oder entführt,

wird mit Freiheitsentziehung von mindestens 3 Jahren bestraft.

§ 2. Ebenso bestraft wird, wer mit Frauen, selbst mit deren Einverständnis, oder mit Kindern handelt.

**Art. X.** § 1. Wer ein Unterseekabel zerreißt bzw. beschädigt oder die für die Anlage oder Reparatur eines solchen Kabels maßgeblichen Vorschriften verletzt,

wird mit Freiheitsentziehung bis zu 5 Jahren bestraft.

§ 2. Wer widerrechtlich von einem Schiff Öl oder eine andere Substanz entfernt und dadurch die Meeresoberfläche in einer Verbotszone verunreinigt,

wird mit Freiheitsentziehung bis zu 2 Jahren oder mit Geldstrafe bestraft.

**Art. XI.** Wer ein zum Raub auf See bestimmtes Schiff armiert bzw. ausrüstet oder sich auf einem solchen Schiff anheuern läßt,

wird mit Freiheitsentziehung von einem Jahr bis zu 10 Jahren bestraft.

## KAPITEL III

## Übergangs- und Schlußbestimmungen

**Art. XII.** § 1. Soweit sich geltende Vorschriften auf aufgehobene Bestimmungen des Strafkodex von 1932 oder auf aufgehobene Bestimmungen eines Spezialgesetzes berufen oder allgemein auf Bestimmungen des Strafrechts verweisen, finden in diesem Umfang die Bestimmungen des Strafkodex sinngemäß Anwendung.

§ 2. Bestehen Zweifel darüber, ob das bisherige Recht oder der Strafkodex Anwendung findet, ist der Strafkodex zur Anwendung zu bringen.

**Art. XIII.** Bei der Anwendung von in Kraft belassenen Strafbestimmungen:

1. wird anstelle der in den bisherigen Bestimmungen vorgesehenen Haft- und Gefängnisstrafen die Strafe der Freiheitsentziehung zur Anwendung gebracht;
   Art. 32 Strafkodex findet sinngemäß Anwendung;
2. wird anstelle von lebenslänglichem Gefängnis die 25jährige Freiheitsentziehungsstrafe zugemessen;

3. wird die Geldstrafe gemäß den in Art. 36 und 37 bestimmten Grenzen und Grundsätzen zugemessen;
4. werden anstelle der Nebenstrafen: Verlust der öffentlichen Rechte, Verlust der bürgerlichen Ehrenrechte, Verlust des Rechts auf Berufsausübung, Verlust der elterlichen bzw. vormundschaftlichen Rechte, Verfall von Vermögensgegenständen und Geräten, Veröffentlichung des Urteils in der Presse und des Vermögensverfalls, die im Strafkodex vorgesehenen Nebenstrafen sinngemäß angewandt.

**Art. XIV.** § 1. In den durch rechtskräftiges Urteil abgeschlossenen Sachen, in denen die Strafe nicht vollstreckt ist:

1. wird die auf eine in Art. 31 Strafkodex bezogene Todesstrafe in eine 25jährige Freiheitsentziehungsstrafe umgewandelt;
2. wird eine lebenslängliche Gefängnisstrafe in eine 25jährige Freiheitsentziehungsstrafe umgewandelt;
3. wird in den Fällen von Ziff. 1 und 2 die bisher erfolgte Freiheitsentziehung auf das Strafmaß angerechnet;
4. wird in dem Falle, daß nach dem neuen Gesetz eine abgeurteilte Tat mit einer Strafe bedroht ist, deren Obergrenze unterhalb der erkannten Strafe liegt, die erkannte Strafe bis zur Obergrenze der gesetzlichen Androhung herabgesetzt, die das neue Gesetz für eine derartige Tat vorsieht;
5. wird die erkannte Nebenstrafe aufrechterhalten, selbst wenn der Strafkodex die Möglichkeit ihrer Verhängung für den konkreten Fall nicht vorsieht;
   Art. 89 Strafkodex findet entsprechende Anwendung;
6. hat das Gericht für den Fall, daß der Verurteilte, dem auf Grund des Art. 43 Strafkodex von 1932 die Ausführung einer Arbeit in Anrechnung auf eine Geldstrafe auferlegt wurde, die Ausführung derselben hartnäckig verweigert, bei der Umwandlung der dem Verurteilten obliegenden Leistung der Geldstrafe in eine Ersatzfreiheitsentziehungsstrafe Art. 37 Strafkodex in entsprechende Anwendung zu bringen;
7. sind erkannte Gefängnis- und Haftstrafen als Freiheitsentziehungsstrafen im Sinne des Strafkodex zu vollstrecken;
   wurde ein Soldat zu einer in Art. 38 Kodex des Polnischen Militärs genannten Haftstrafe verurteilt, so ist diese als eine in Art. 293 Strafkodex bezeichnete Militärhaftstrafe zu vollstrecken;
8. wird die Strafe der Haushaft vollstreckt;
9. werden gegenüber Personen, denen die Vollstreckung der Strafe bedingt ausgesetzt wurde, die Art. 75—79 Strafkodex sinngemäß angewandt;

10. werden gegenüber Personen, denen auf Grund des Gesetzes vom 29. Mai 1957 über die bedingte Entlassung von Personen, die eine Freiheitsentziehungsstrafe verbüßen (DzU 1961 Nr. 58, Pos. 321), sowie gegenüber solchen, die eine Freiheitsentziehungsstrafe verbüßen, die Bestimmungen des Strafkodex über die vorzeitige Strafentlassung sinngemäß angewandt;
11. werden die Verjährungsbestimmungen des Strafkodex angewandt.

§ 2. In den durch rechtskräftiges Urteil abgeschlossenen Sachen finden die Bestimmungen des Strafkodex über die Straftilgung Anwendung.

§ 3. Auf die in Art. 60 Strafkodex bezeichneten Personen findet die Bestimmung des Art. 2 § 1 Strafkodex hinsichtlich der in Kapitel VIII Strafkodex vorgesehenen Maßregeln keine Anwendung.

§ 4. In den in §§ 1—3 bezeichneten Sachen erkennt, sofern das Verfahren nicht durch andere Vorschriften geregelt wird, das für die Strafvollstreckung zuständige Gericht in einer Sitzung; seine Entscheidung ist beschwerdefähig.

**Art. XV.** § 1. Im Privatklageverfahren und auf Antrag werden Straftaten verfolgt, bei denen der Strafkodex oder Spezialgesetze eine solche Anklage oder Anzeige verlangen oder verlangt haben.

§ 2. Eine vor dem Tage des Inkrafttretens dieses Gesetzes durch den nach bisherigen Vorschriften zuständigen Ankläger eröffnete Sache wird bis zu ihrem Abschluß im gleichen Verfahren weitergeführt.

**Art. XVI.** Der Ministerrat kann im Beschlußwege Einzelheiten über den Umfang von Nachrichten, Urkunden und sonstigen Gegenständen regeln, die ein Staatsgeheimnis bilden.

**Art. XVII.** Soweit der Strafkodex oder dieses Gesetz den Erlaß von Spezial- oder Ausführungsbestimmungen vorsieht, finden bis zum Erlaß dieser Bestimmungen die bisherigen Vorschriften Anwendung, es sei denn, daß diese zu den Bestimmungen des Strafkodex oder des vorliegenden Gesetzes im Widerspruch stehen.

**Art. XVIII.** Das Gesetz tritt am 1. Januar 1970 in Kraft.

# GESETZ

**vom 22. Dezember 1969**

**über die vorübergehende Beibehaltung der Rechtskraft einiger bisheriger strafrechlicher Vorschriften***

**Art. 1.** § 1. Bis zum Zeitpunkt der selbständigen gesetzlichen Regelung der Frage der Vorbeugung und Bekämpfung der Demoralisierung und Kriminalität der Minderjährigen behalten ihre Rechtskraft die bisherigen Vorschriften betr. Minderjährige bei, die unter gesetzlicher Strafandrohung verbotene Taten begehen:

1. bezeichnet insbesondere in Art. 69—78 Strafkodex von 1932 bei Berücksichtigung der sich aus Art. 9 Strafkodex von 1969 ergebenden Änderungen;
2. im Bereiche des Verfahrens — insbesondere außer der durch Art. III lit. 1 Einführungsbestimmungen zum Strafverfahrenskodex (DzU 1969 Nr. 13, Pos. 97) in Kraft belassenen Art. 474 bis 495 Strafverfahrenskodex von 1928 — auch weitere Vorschriften dieses Kodex betr. Minderjährige.

§ 2. In Minderjährigensachen finden das vereinfachte Verfahren, das beschleunigte Verfahren sowie die bedingte Verfahrenseinstellung sowie die Vorschriften über den Nebenkläger keine Anwendung.

§ 3. Erziehungsmaßregeln in Minderjährigensachen kann das Gericht in einer Besetzung mit einem Richter zur Anwendung bringen.

**Art. 2.** Bis zum Zeitpunkt des Inkrafttretens des neuen Übertretungsrechts behalten folgende Vorschriften ihre verbindliche Kraft bei:

1. Art. 139, 162, 265 und 272 Strafkodex von 1932;
2. Art. 1 a des Dekrets v. 4. März 1953 über die verstärkte Bekämpfung der qualitativ schlechten Produktion (DzU Nr. 16, Pos. 63 mit späteren Änderungen).

**Art. 3.** Bis zum Zeitpunkt des Inkrafttretens des neuen Schatz-Strafgesetzes:

1. finden die Vorschriften der Art. 455, 456, 457 § 1 und der Art. 458—460 Strafverfahrenskodex von 1969 in dem auf Antrag der Verweisung der Sache auf den Gerichtsweg vor dem Gericht

---

* DzUPRL v. 30. Dezember 1969 Nr. 37, Pos. 311.

durchgeführten Schatz-Strafverfahren sinngemäße Anwendung;

2. anstelle der in Art. 167 § 2 und Art. 200 § 2 des Schatz-Strafgesetzes vom 13. April 1960 (DzU Nr. 21, Pos. 123 mit späteren Änderungen) bezogenen Bestimmungen des Gesetzes vom 21. Januar 1958 über den erhöhten Schutz des Gesellschaftsvermögens vor Schäden, die durch Straftaten verursacht werden, (DzU Nr. 4, Pos. 11 mit späteren Änderungen) finden sinngemäße Anwendung die Vorschriften des Strafverfahrenskodex von 1969 und des Strafvollzugskodex von 1969 betr. die Sicherung und Vollstreckung von Vermögensstrafen und Forderungen auf Ersatz eines durch eine Straftat dem Gesellschaftsvermögen zugefügten Schadens;
3. anstelle der in Art. 205 Schatz-Strafgesetz vom 13. April 1960 (DzU Nr. 21, Pos. 123 mit späteren Änderungen) bezogenen Bestimmungen des Strafverfahrenskodex von 1928 finden die Bestimmungen der Art. 65—68 und der Art. 70—72 des Strafverfahrenskodex von 1969 sinngemäße Anwendung.

**Art. 4.** Das Gesetz tritt am 1. Januar 1970 in Kraft.

## Sach- und Stichwortregister des materiellen Strafrechts

des Strafgesetzbuchs 1969 (Artikelnr. arabische Zahlenangabe/Paragraphenbezeichnung) und des Einführungsgesetzbuches hierzu (Artikelnr. römische Zahlenangabe/Paragraphenbezeichnung). M: Strafbestimmungen betr. Militärpersonen.

FSC
www.fsc.org
MIX
Papier | Fördert gute Waldnutzung
FSC® C083411

Kolibri 360 GmbH
Ferdinand-Jühlke-Straße 7
99095 Erfurt, Deutschland
produktsicherheit@kolibri360.de